Manfred Gerber
Axel Sawert (Fotos)
In Krieg und Frieden

Unterstützt durch:

Manfred Gerber
Axel Sawert (Fotos)

In Krieg und Frieden

Die Wiesbadener Ringkirche –
ein Monument des Historismus

Alle Rechte vorbehalten • Societäts-Verlag
© 2019 Frankfurter Societäts-Medien GmbH
Layout & Satz: Bruno Dorn, Societäts-Verlag
Umschlaggestaltung: Bruno Dorn, Societäts-Verlag
Umschlagabbildung: Axel Sawert
Druck und Verarbeitung: Print Consult GmbH, München
Printed in Slovenia 2019

ISBN 978-3-95542-354-4

Inhalt

Einleitung 7

I. Die Weltkurstadt. Ein Kaiser als Galionsfigur 11
II. Pfarrer an die Front. Ringkirche im Krieg 59
III. Ohne den Kaiser. Die Weimarer Republik 67
IV. Die Ringkirche unterm Hakenkreuz 73
V. 1945. Versuch eines Neuanfangs 85
VI. Geteilte Welt. Die Ringkirche im Kalten Krieg 97
VII. Soli Deo Gloria. Die Kirchenmusik 113
VIII. Neue Aufgaben. Gegenwart und Zukunft 121

Chronik der Ringkirche 136
Die Pfarrer der Ringkirche 137
Organisten und Kantoren 138
Benutzte Literatur 139
Quellen 141
Herzlicher Dank 141
Ein besonderer Dank 142
Fotonachweis 143
Die Autoren 144

Einleitung

Als „Reformationskirche" war sie geplant. Zeitweise war auch der Name Kaiser-Friedrich-Gedächtniskirche im Gespräch. Dann wollte man sie erst einmal neutral „Neukirche" nennen. Für die Wiesbadener war sie schon bald nach ihrer Einweihung im Jahr 1894 die Ringkirche. Aus ganz profanen Gründen: Sie steht an prominenter Stelle am Kaiser-Friedrich-Ring.

Baugeschichtlich hat dieses Gotteshaus eine besondere Bedeutung. Es ist die erste Kirche, die lupenrein nach dem Wiesbadener Programm, der von Bergkirchenpfarrer Emil Veesenmeyer proklamierten Einheit von Altar, Kanzel und Orgel erbaut und mehr als ein Jahrhundert später, 2003, zum deutschen Nationaldenkmal erkoren wurde. Exponiert ist die Ringkirche vor allem durch ihre Lage: als Abschluss der Rheinstraße, einer ansteigenden Allee mit zwei Platanenreihen, flankiert von prachtvollen Häuserfronten aus der Zeit des Historismus. Mit seinen 65 Meter hohen, achteckigen Zwillingstürmen aus

Wehrhafte Protestanten: Schwedenkönig Gustav Adolf (li.) und Wilhelm I. von Oranien (re.).

gelblich-grauem Pfälzer Sandstein und den schieferbedeckten, schlanken Turmhelmen beherrscht das Gotteshaus die Allee. Es ist ein Wahrzeichen Wiesbadens.

Die Ringkirche wirkt optisch auch stark in den Kaiser-Friedrich-Ring hinein. Als Identifikationspunkt des Viertels reicht ihre Anziehungskraft bis weit in das äußere Westend und das Rheingauviertel. Sie ist ein imposantes Monument des Historismus aus dem prosperierenden Wiesbaden des späten 19. Jahrhunderts. Eine protestantische Trutzburg. Die Skulpturen des Schwedenkönigs Gustav Adolf (1594 – 1632) und Wilhelms I. von Oranien (1533 – 1584), die den Eingang zur Reformatorenhalle flankieren, zeugen von der Wehrhaftigkeit von Thron und Altar in der preußischen Monarchie und im Deutschen Kaiserreich. In diesem Sinn ist die Ringkirche in Stein gemeißeltes Selbstbewusstsein des preußisch-deutschen Protestantismus.

Faszinierende Blicke: auf Rosetten, Bänke und Bögen.

Optisch wirksam: auch am Kaiser-Friedrich-Ring.

Die Gemeinde der Ringkirche blickt auf eine wechselvolle Geschichte zurück. Im August 1914 werden ihre Pfarrer von der allgemeinen Kriegsbegeisterung mitgerissen. Während der NS-Gewaltherrschaft wird auch die Ringkirchengemeinde Schauplatz des Kirchenkampfes. Jahrzehnte später zieht gerade diese Kirche die Friedensbewegten in der Stadt wie magisch an. Anfang der 1980er Jahre protestieren sie gegen das atomare Wettrüsten und den Golfkrieg, unterstützen Projekte im revolutionären Nicaragua.

Als 1981 ein großer Demonstrationszug gegen die Frankfurter Startbahn West an der Ringkirche vorbeizog, ließ Pfarrer Dr. Friedemann Oettinger aus Solidarität die Kirchenglocken läuten. Streitbar war die Gemeinde allemal. Und auch immer wieder einmal zerstritten. Die Frage, wie viel Politik und wenn schon, welche von der Kanzel gepredigt werden darf oder muss, zieht sich wie ein roter Faden durch die Jahrzehnte der jüngeren Geschichte.

Längst sind die christlichen Konfessionen nur noch eine der Möglichkeiten auf dem Markt der Glaubensangebote im multireligiösen und multikulturellen Wiesbaden mit seinem hohen Anteil an Migranten. Gleichwohl ist dieses Gotteshaus mit seinem würdevollen Ambiente immer noch ein Hort für alle, die an Gott glauben, die mit ihm Zwiesprache halten wollen, die ihn suchen oder einfach nur innehalten und sich zurückziehen möchten vom ruhelosen Getriebe des modernen Alltags.

Blick auf die Kanzelwand: die Ringkirche 1897.

Mögen manche die Ringkirche für „steinerne, kalte Pracht" halten, wie bisweilen zu hören ist, so gibt sie doch vielen im Viertel ein Stück Heimat. Nicht wenigen Bewohnern im äußeren Westend und im Rheingauviertel würde im Tagesablauf etwas fehlen ohne den vertrauten klaren Klang ihrer Glockenschläge. Die sakrale Würde der Ringkirche lässt sich bei jedem Besuch neu entdecken. Die Bedeutungen ihrer mannigfaltigen Symbolik erkennt der Betrachter erst beim wiederholten Blick. Sattsehen kann man sich an der Ringkirche nicht. Bei geistlichen Konzerten verschmelzen Musik und Architektur zu einem eindrucksvollen Erlebnis.

Die Wunden des Bismarckschen Kulturkampfes, in dem die Katholiken drangsaliert wurden, waren gerade dabei zu vernarben, da sollte – nach der Markt- (1862) und der Bergkirche (1879) – das dritte evangelische Gotteshaus in Wiesbaden so protestantisch sein, wie es nur konnte.

Seine Einweihung begingen Wiesbadens Protestanten am 31. Oktober 1894, am Jahrestag von Martin Luthers Thesenanschlag in Wittenberg, mit einer feierlichen Prozession. Sie bewegte sich von der Marktkirche zu der noch namenlosen neuen Kirche. Der erste Ringkirchenpfarrer Lothar Friedrich und der Generalsuperintendent Dr. Karl Ernst zelebrierten den Gottesdienst. Der Architekt, Professor Johannes Otzen, gab sich überzeugt, „ein Dokument deutscher Baukunst" geschaffen zu haben. Es war der Herbst des Historismus.

Gerade mal 23 Jahre zuvor, 1871, war im Spiegelsaal des Schlosses von Versailles das Deutsche Kaiserreich proklamiert worden. Im nun folgenden Zeitalter des Imperialismus, der bahnbrechenden technischen Erfindungen, der im Jahresrhythmus erworbenen Nobelpreise für Physik, Chemie und Medizin sowie aufgrund des rasanten wirtschaftlichen Wachstums konnte dieses Reich bald nicht mehr gehen vor Kraft. Bis der Drang nach Weltgeltung, der Traum vom „Platz an der Sonne", mit den Katastrophen auf den Schlachtfeldern in Frankreich und Belgien (1914 – 1918) abrupt zum Stillstand kam.

Der Brand der Kathedrale Notre Dame in Paris im April 2019 hat eindrucksvoll den Wert kirchlicher Kulturdenkmäler vor Augen geführt. Sie sind immerwährende Baustellen, geschaffen, uns Einzelne zu überleben, baukünstlerische Versuche, die Ewigkeit zu erfassen. Das gilt auch für die Wiesbadener Ringkirche.

I. Die Weltkurstadt.
Ein Kaiser als Galionsfigur

Blühendes Wiesbaden.
Mit rasantem Wirtschaftswachstum

Wiesbaden platzte aus allen Nähten. Ende des 19. Jahrhunderts war die Stadt dabei, sich auch nach Südwesten auszudehnen. Wirtschaftsmotor war der mondäne Kurbetrieb, die Gesellschaftskur, bei der Sehen und Gesehenwerden mindestens so wichtig war wie Heilung von Krankheiten zu suchen.

Viele Zuwanderer zog es nach Wiesbaden, die hier Arbeit und Brot fanden. Handwerker, Dienstboten und Servicepersonal für die Hotels. Vor allem aus ländlichen Gebieten. In den Kirchengemeinden fanden die Neubürger Ersatz für ihre verloren gegangene Dorfgemeinschaft.

Seit der Annexion Nassaus im Jahr 1866 war das Stadtschloss der Herzöge die Mai-Residenz der Könige von Preußen und späteren deutschen Kaiser. Wenn Wilhelm II. in Wiesbaden weilte, schritt er in Uniform mit der kaiserlichen Familie zu den Militärgottesdiensten in der neuen Marktkirche. Der Kaiser war Wachstumsförderer und Touristenmagnet der Stadt. Galionsfigur. Wiesbaden sonnte sich in seinem Glanz.

Kaiserlicher Kirchgang: Die Marktkirche war die Hofkirche des Kaisers und Königs von Preußen.

Um die Jahrhundertwende lebten etwa 300 Millionäre in Wiesbaden. Rechnet man die Kaufkraft der Goldmark in Euro um, waren es sogar an die dreitausend. Mit dem Titel „Weltkurstadt" schmückte sich Wiesbaden seit den 1850er Jahren. In der Amtszeit des legendären Oberbürgermeisters Carl von Ibell (1883 – 1913) verdoppelte sich die Einwohnerzahl auf über 100.000. Gleichzeitig wuchs die Zahl der Protestanten. 1890 waren es rund 42.000, Katholiken etwa 30.000.

Eine evangelische Stadt.
Drei Kirchen in drei Jahrzehnten

Der Bau der Marktkirche (1862) war nach dem verheerenden Brand der Mauritiuskirche im Juli 1850 notwendig geworden. Erste Vorplanungen für einen zweiten evangelischen Kirchenbau hatte es schon 1837 gegeben. Im Blick auf die wachsende Einwohnerzahl und den Zustrom der Kurgäste war die Mauritiuskirche längst zu klein geworden. Doch nach der Brandkatastrophe musste man das Projekt einer zweiten Kirche erst einmal vertagen. Die Katholiken bekamen 1849 mit der Bonifatiuskirche ein angemessenes Gotteshaus.

Zahlreiche repräsentative Bauten entstanden am Ende des 19. und Anfang des 20. Jahrhunderts. Im gleichen Jahr wie die Ringkirche das Königliche Theater, heute Hessisches Staatstheater, 1906 der Hauptbahnhof, 1907 das Kurhaus. Wohlhabende Pensionäre und Rentiers, Generäle und Admiräle, Musiker, Schriftsteller und Industrielle ließen sich in den Villen der Gartenstadt Wiesbaden nieder. Dazu renommierte Kurärzte. Angelockt auch von Steueranreizen. Die Baukeramikfirma Höppli in der Wörthstraße hatte Hochkonjunktur.

Wurde ein Raub der Flammen: die Mauritiuskirche in der Kirchgasse.

1894 war auch das Reichstagsgebäude in Berlin fertiggestellt. Sein Sandstein stammt aus demselben Pfälzer Steinbruch wie der der Ringkirche. Architekt Paul Wallot (1841 – 1912), ein gebürtiger Oppenheimer, verbrachte seinen Lebensabend in Biebrich.

Für die kleineren Leute hatte man 1879 die Bergkirche im gleichnamigen Viertel gebaut. Ihr Architekt war der Berliner Professor Johannes Otzen (1839 – 1911). Und weil man mit seiner Arbeit über alle Maßen zufrieden war, bekam Otzen beim Bau der nächsten evangelischen Kirche in Wiesbaden abermals den Zuschlag. Diesmal ohne Ausschreibung. Für Otzen ein „liebenswürdiges" und „beglückendes Vertrauen". Der renommierte Münchner Architekt Georg von Hauberisser (1841 – 1922), Erbauer des Wiesbadener (1887) und des Münchner Rathauses (1909), der sich an einem unverbindlichen Ideenwettbewerb beteiligt hatte, war ohne Chance.

Wiesbadens dritte evangelische Kirche sollte ursprünglich Reformationskirche heißen. Unter diesem Arbeitstitel begannen 1892 auch die Bauarbeiten. Nach lebhaftem Streit in der Gemeinde fanden ihre theologischen Fraktionen in dem nicht sehr originellen Namen Neukirchengemeinde den kleinsten gemeinsamen Nenner. Die Tageszeitungen hatten von Anfang an von der „Ringkirche" geschrieben. 1906 passte man sich offiziell dem allgemeinen Sprachgebrauch an. Drei neue evangelische Kirchen waren in gut drei Jahrzehnten entstanden. Die Gemeinden waren mächtig stolz darauf.

Die Wiesbadener Vororte im östlichen „Ländche" und an der Rheinfront mit ihren um Jahrhunderte älteren Kirchen waren in dieser Zeit noch selbstständig. Die Eingemeindungen begannen erst in der zweiten Hälfte der 1920er Jahre.

Grünes Licht aus Berlin.
Vom Minister Graf von Zedlitz

Am 9. Juni 1891 meldete der Minister der geistlichen, Unterrichts- und Medizinalangelegenheiten, Robert Graf von Zedlitz, aus Berlin: „Zur Errichtung einer dritten evangelischen Kirche wird hier

1849 fertiggestellt: die Bonifatiuskirche.

durch die staats- und kirchenaufsichtliche Genehmigung ertheilt." Drei Tage später segnete Consistorialpräsident Otto de la Croix das Projekt ab. Seit 1866 war das Ministerium in Berlin für Wiesbadener Kultur- und Kirchenangelegenheiten zuständig. 1866 hatte der König von Preußen als neuer Landesherr Herzog Adolph (1817 – 1905) als Summus Episcopus, höchster Bischof, abgelöst. Die Nassauische Kirche blieb aber selbstständig.

1892 begannen die Bauarbeiten ohne die sonst übliche Grundsteinlegung. Im Mai 1892 lieferte die Frankfurter Baufirma Philipp Holzmann den Basalt für den Sockel.

Imposante Turmlandschaft: Blick von Südwesten.

Dreiklang aus Bronze.
Gis, h, dis

Die ursprünglichen Bronzeglocken der Ringkirche hat die Werkstatt von Glockengießermeister Karl Friedrich Ulrich im thüringischen Apolda gegossen. Sie kamen im Dezember 1893 am Taunusbahnhof Ecke Rheinstraße/Wilhelmstraße an; von dort setzte sich ein feierlicher Zug Richtung Ringkirche in Bewegung.

Vorneweg Schulmädchen in Festtagskleidern. Musiker des Füsilier-Regiments von Gersdorff Nr. 80 spielten abwechselnd Märsche und Kirchenlieder. Tausende Zaungäste standen Spalier. Vier Pferde zogen den mit Tannenzweigen und Fähnchen dekorierten Wagen mit den Glocken. Mitglieder der Baukommission und Vertreter der Markt- und der Bergkirche folgten. Repräsentanten der neuen Kirchengemeinde nahmen die Glocken am Portal in Empfang. Die Kirche war mit deutschen, preußischen und Nassauer Fahnen geschmückt.

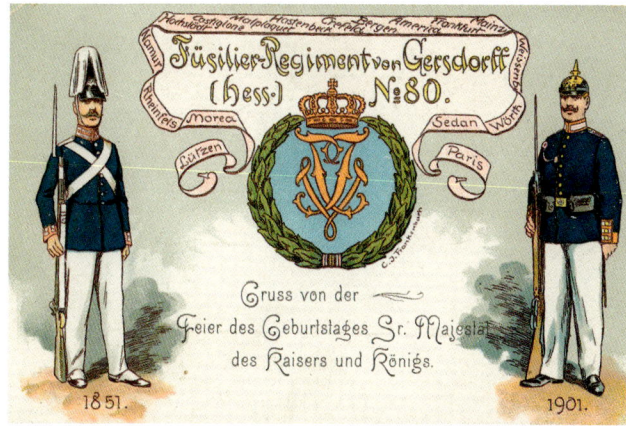

Zu Ehren des Kaisers: Grußpostkarte der „80er".

Ein anonymer Dichter hatte die Verse verfasst:
[...]
Und Glaube, Hoffnung, Liebe
Verbreite Euer Klang,
Im bunten Weltgewühle
Stimmt an den Friedenssang.
[...]

„Gott ist die Liebe": Die große Glocke wog 110 Zentner.

Die größte der drei Bronzeglocken mit dem Ton gis wog 110 Zentner, die 56 Zentner schwere im Südturm klang in h, die kleine mit 28 Zentnern im Gurtbogen zwischen beiden Türmen läutete in dis. Fünf starke Männer waren zum Ziehen nötig. Heute läuten die Glocken vollautomatisch. Das Vater-Unser-Läuten wird per Knopfdruck ausgelöst.

Formal war die Neukirchengemeinde am Ring am 1. April 1892 gegründet worden. Bis zur Vollendung des Kirchenbaus predigten ihre Pfarrer in der Markt- und in der Bergkirche. Den ersten Kirchenvorstand bildeten der Rentner Daniel Beckel, der Geheime Regierungs- und Baurat Cuno, der Oberlehrer Fritze, Landesrat Kreckel, der Schreiner Momberger, Amtsgerichtsrat Georg de Niem, der Fabrikant C. W. Poths und der Feldgerichtsschöffe Wintermeyer.

Mit Fahnen und Girlanden. Der Tag der Einweihung

Der Tag der Tage kam am 31. Oktober 1894. Ein Mittwoch. Um 9.30 Uhr sammelten sich in der „Mutter" Marktkirche die Mitglieder der Markt-, Berg- und Neukirchengemeinde zu einer Andacht. Unter dem Geläut der Glocken der drei evangelischen Kirchen zog ein prächtiger Festzug durch die mit Girlanden geschmückte Markt-, die Bahnhof- und die Rheinstraße. Vorneweg marschierte die Kapelle des Füsilier-Regiments von Gersdorff Nr. 80 unter der Leitung des Königlichen Musikdirektors Münch. Schulkinder schlossen sich an, Bauhandwerker und Kirchenvorstände, die Geistlichkeit im Ornat. An ihrer Spitze schritt Generalsuperintendent Dr. Karl Ernst, der geistliche Leiter des Konsistoriums, des protestantischen Sprengels in Wiesbaden. Ehrengäste aus staatlichen, militärischen und städtischen Behörden folgten.

Die Beteiligung war aber eher mäßig, wie die Abendausgabe des Wiesbadener Tagblatts am 31. Oktober berichtete. Denn es herrschte eine „bedrohliche Witterung". In der Nacht zuvor hatte es unaufhörlich geregnet. Viele waren deshalb lieber gleich in die Kirche gekommen. Den „frommen, alten und schwachen Gemeindemitgliedern" hatte man Plätze reserviert.

Am Portal der Vorhalle empfing die Festgemeinde der Architekt, der Geheime Regierungsrat Professor Johannes Otzen, dekoriert mit der „Goldenen Medaille für Kunst und Wissenschaft am rothen und grünen Bande". Bauleiter Friedrich Grün

Blick auf das Westportal: Hier übergab Johannes Otzen den Kirchenschlüssel.

Zierde über dem Eingangsportal: Keltenkreuz mit Sonnensymbol.

Baujahr 1894: Da war westlich der neuen Ringkirche noch freies Feld.

hielt ein Kissen parat, auf dem der kunstvoll gearbeitete Kirchenschlüssel lag. In seiner Ansprache zollte Otzen den Arbeitern Respekt und Anerkennung. Sie hätten oft unter Gefahr für Leib und Leben ihre Pflicht erfüllt. Dann übergab er den Schlüssel dem Generalsuperintendenten.

Der Generalsuperintendent gelobte, das neue Haus zur Ehre Gottes und zur Erbauung der Gemeinde zu hegen und zu pflegen. Ringkirchenpfarrer Lothar Friedrich öffnete die Pforte im Namen des Vaters, des Sohnes und des Heiligen Geistes. Die Kirche mit ihren 1.340 Sitzplätzen, davon rund 300 auf den Emporen, war bis auf den letzten Platz gefüllt. Seit der Erweiterung des Altarraums um die Jahrtausendwende, als vier Bankreihen entfernt wurden, sind es noch 1.032 Sitzplätze. Hinter dem Westportal der Ringkirche begann 1894 noch das freie Feld.

„Allerhöchster Besuch". Mai 1897: Der Kaiser kommt

Johannes Otzen fühlte beim kaiserlichen Hofmarschall August Ludwig Graf zu Eulenburg vor, „ob Seine Majestät der Kaiser geneigt sei, der Einweihung beizuwohnen". Die Bitte wurde abschlägig beschieden. Erst zwei Wochen vorher, am 16. Oktober 1894, war Kaiser Wilhelm II. mit seinem Sonderzug zu einer Doppeleinweihung nach Wiesbaden angereist: zur Eröffnung des Königlichen Theaters der Wiener Architekten Helmer und Fellner und des benachbarten Denkmals für seinen Großvater, Wilhelm I., am Warmen Damm. 4.500 Schulkinder und 2.000 Kriegsveteranen waren auf den Beinen gewesen, um dem Kaiser und seinem Ahnen zu huldigen. Es wimmelte von Uniformen. Die Damen tief dekolletiert, ganz nach dem Geschmack Seiner Majestät. Wiesbadener Kaiserkult pur. Journalisten international renommierter Blätter und Fachzeitschriften berichteten über die Zeremonien und Aufführungen. Präsenz aus dem Haus Hohenzollern gab es zur Einweihung der Ringkirche aber doch: Ihre Königliche Hoheit, Prinzessin Luise von Preußen, stand auf der Gästeliste, Tochter Kaiser Wilhelms I. und Gattin des Großherzogs Friedrich von Baden.

In die Ringkirche kam der Kaiser Jahre später: am Nachmittag des 17. Mai 1897, im Zuge seines routinemäßigen Mai-Aufenthalts. Auf die neue Wiesbadener Kirche war Wilhelm II. aufmerksam geworden, weil er Otzen kannte und weil des Kaisers Souffleure versucht haben sollen, Seine Majestät gegen das Bauwerk einzunehmen. Wilhelm II. wollte sich selbst ein Bild machen. Mit Pfarrer Karl Lieber besprach er „in überaus leutseliger Weise die Bauart wie auch die innere Einrichtung, die bekanntlich von der bisher üblichen völlig abweicht". Der Rheinische Kurier schrieb drei Wochen später, Wilhelm II. sei „geradezu entzückt" gewesen von der Ringkirche. Das bezog sich vermutlich eher auf das Raumkonzept als auf den Baustil.

Umgehend berichtete Pfarrer Lieber Johannes Otzen von dem hohen Besuch. Der wiederum gab „seiner Freude und Genugtuung über den Allerhöchsten Besuch Ausdruck".

Feierlich enthüllt: Das Denkmal für Wilhelm I. am Warmen Damm.

Feierlich Lob und Dank.
Und nachmittags ein Festessen

In seiner Rede zur Einweihung sprach Generalsuperintendent Dr. Ernst nach Matthäus 11,28 – 30 („Kommet her zu mir alle...") von „Hoffnungen von neuem Leben, neuer Kraft, neuer Gemeinschaft", die aus dem Gotteshaus erwachse. Nach einem Gebet setzte erstmals die Walcker-Orgel ein. Zum Lutherlied „Ein feste Burg ist unser Gott". Pfarrer Lothar Friedrich hielt die Festpredigt, Segenswünsche sprachen Dekan Maurer aus Herborn, Marktkirchenpfarrer Karl Bickel und Bergkirchenpfarrer Emil Veesenmeyer. Mit dem Choral „Nun danket alle Gott" des Evangelischen Kirchengesangvereins unter der Leitung von Karl Hofheinz endete die Feier.

Mit viel „Hoch" und „Hurra" auf Seine Majestät begann das Festmahl im Saal des Hotels „Adler" in der Langgasse, wo sich am Nachmittag hundert geladene Honoratioren einfanden und sich an Zander nach holländischer Art und Pommerscher Gänsebrust labten. Emil Veesenmeyer gedachte der Meister, Gesellen und Lehrlinge, die in treuer, redlicher Arbeit das große Werk vollbracht hätten. Der denkwürdige Tag ging zu Ende mit einem Konzert des Evangelischen Kirchengesangvereins. Aus dem Erlös finanzierte die Gemeinde ein Fenster in der Taufkapelle.

Blick Richtung Westen: die Ringkirche 1909 aus der Zeppelin-Perspektive.

Aus der Kanzelperspektive: das Bodenmosaik.

Verdienste und Ruhm.
Mit Orden vom Kaiser

Eine wohlhabende Dame, die anonym bleiben wollte, hatte der Gemeinde 5.000 Mark für die Ausschmückung der Kanzelwand geschenkt. Unter der Federführung der „Frau General Exzellenz Marie von Grolmann" sammelten die Frauen und Mädchen der Gemeinde weitere 6.000 Mark und ermöglichten damit die Anschaffung der silbernen Tauf- und Abendmahlsgeräte und die Ausschmückung der Sakristei. Die Altar- und Kanzelbibel war ebenfalls eine private Spende.

Schon vor der Festzeremonie hatte Wilhelm II. im Pfarrhaus der Marktkirche durch den Konsistorialpräsidenten Hermann Opitz hohe Auszeichnungen überreichen lassen. Die Pfarrer Friedrich und Bickel erhielten den Roten Adlerorden 4. Klasse, Maurermeister Böhles den Kronenorden 4. Klasse. Maurerpolier

Schaufront der Ringkirche: mit dem ursprünglichen schmiedeeisernen Tor.

Ferdinand Roth bekam das Allgemeine Ehrenzeichen überreicht.

Der Spiritus rector des neuen Kirchenbaus, Emil Veesenmeyer, war schon 1891 in der Deutschen Bauzeitung gewürdigt worden. Sie schrieb damals: „Vielleicht ist sogar die Annahme nicht zu kühn, dass diese neue Wiesbadener Kirche in die Geschichte des protestantischen Kirchenbaus" [...] eingehen werde. Und: „Verdienst und Ruhm dieses Schrittes" seien „namentlich Herrn Pfarrer Veesenmeyer zuzusprechen".

Überwiegend Wiesbadener. Die Handwerker und Künstler

Am Bau der Ringkirche waren weitgehend Wiesbadener Handwerksbetriebe beteiligt. Erd-, Maurer- und Tüncherarbeiten übernahm die Firma Böhles, die Zimmer- und Schreinerarbeiten Wilhelm Gail Wwe. Die eiserne Dachkonstruktion und die Zentralheizung baute die Firma W. Philippi im Dambachtal, aus der später die berühmte Maschinenfabrik Wiesbaden am Bahnhof Dotzheim hervorging. Türbeschläge und Treppengeländer stammten aus den Werkstätten von Franz Hirsch. Das schmiedeeiserne Tor des Hauptportals fertigte die Kunst- und Bauschlosserei Ferdinand Hanson in der Moritzstraße an. Seit dem Ersatz durch eine Glastür 2004 befindet sich das Gittertor im 1. Turmgeschoss. Die Mosaikpflaster auf der Terrasse verlegte die Firma P. Hofmann, das eiserne Geländer fertigte Wendler und Koch an. Den Terrazzofußboden rund um den Altar gestaltete die Mainz/Wiesbadener Firma Otto Gasmus. An den Glasarbeiten waren mehrere Wiesbadener Firmen beteiligt, dazu die Münchener Glasmalerei Berlin.

Die Ringkirchenturmuhr wurde 1895 angebracht, zunächst mit einem Zifferblatt aus dunklem Schiefer, messingfarbenen Zeigern und Ziffern. Es war ein Werk der

Wiesbadener Uhrenfabrik Carl Theodor Wagner, die in alle Welt exportierte und von 1915 an in der Schiersteiner Straße 31 – 33 produzierte. Dort wurde 1960 auch das Zifferblatt wiederhergestellt, nachdem es bei einem Luftangriff im Zweiten Weltkrieg in Scherben zersplittert war.

Drei Väter der Ringkirche.
Veesenmeyer, Otzen und Bickel

Neben Emil Veesenmeyer und Johannes Otzen gilt Karl Bickel, der Vorsitzende des Gesamtkirchenvorstands, als dritter Vater der Ringkirche. Über ihn, von 1892 an Erster Pfarrer der Marktkirche und von 1898 an Dekan, liefen die überaus schwierigen Verhandlungen in der Planungsphase. Bickel war zuständig für den Erwerb der Grundstücke, pflegte regen Briefaustausch mit Otzen und feilschte im Auftrag der „Baucommission" des Kirchenvorstands immer wieder um architektonische Details. Auch der Wiesbadener „Architecten-Verein" und Stadtrat Weil mischten mit. Insbesondere um die Gestaltung der Turmseite wurde hart gerungen. Im Zuge dieser Korrespondenz reichte Otzen immer wieder neue Skizzen ein. Am Ende kam man zusammen. Beim fünften Entwurf.

Ursprünglich mit schwarzem Zifferblatt: die Ringkirchenuhr.

Von Johannes Otzen ließ sich Karl Bickel letztendlich überzeugen, dass im Hinblick auf die Akustik ein Kirchenraum für mehr als 1.200 Zuhörer ohne Emporen gar nicht möglich war. Mehr als 30 Meter Abstand seien mit der Stimme nicht zu beherrschen. Alles andere, warnte Otzen, sei „ein kleines Attentat auf die Lunge und Sprechorgane des Predigers".

Drei theologische Fraktionen.
Liberal, bibeltreu und vermittelt

In Wiesbaden war es üblich, die Pfarrstellen mit je einem Vertreter der drei vorherrschenden kirchlich-theologischen Richtungen zu besetzen. Die Linken oder Liberalen traten unter dem Einfluss der Aufklärung für demokratische Ideale, für die Freiheit des Geistes und der Forschung in der Theologie ein. Die Rechten, sie nannten sich auch die Positiven, waren bibeltreu, konservativ und lehnten die wissenschaftliche Bibelkritik ab. Die Partei der Mitte stand in der Tradition Friedrich Schleiermachers (1768 – 1834) und seiner Vermittlungstheologie mit einem undogmatischen Christentum. Schleiermacher wollte den Widerspruch von Glauben und Wissen, Christentum und Kultur überwinden. Diese Richtung vertrat

Pfarrer Karl Lieber. Bibeltreu und pietistisch geprägt war Lothar Friedrich.

Mauritius als Stadtheiliger.
Die Erinnerung bleibt lebendig

1968 erbaut: die neue Mauritiuskirche in der Abeggstraße.

Jahrhundertelang war die Mauritiuskirche in der Kirchgasse die einzige Kirche in Wiesbaden. 1543 wurde sie lutherisch, behielt aber ihren Namen. Am 27. Juli 1850, einem extrem heißen Sommertag, fiel sie einem verheerenden Brand zum Opfer, ausgelöst von vermutlich leichtsinnig lötenden Spenglern. Das Kirchlein brannte bis auf die Außenmauern ab. An seiner Stelle befindet sich heute der Mauritiusplatz. Eine Tafel auf dem Boden erinnert an die zerstörte Kirche. In der Folge baute man weitsichtig planend die weitaus größere Marktkirche, die 1862 fertig war. Gefühlt ist sie der Nassauer Landesdom, Gegenstück zum katholischen Dom in Limburg, das 1827 Bistum geworden war. Ein protestantischer Kontrapunkt auch zum benachbarten Mainz.

Ein renommierter Architekt: der Berliner Professor Johannes Otzen.

Mauritius ist bis heute der Stadtheilige Wiesbadens. An ihn erinnern die katholische Mauritiuskirche (1968) im Bezirk Nordost, der Mauritiusplatz mit dem Mauritiushaus, die Mauritiusgalerie und seit 2011 der Mauritiussaal im evangelischen Haus an der Marktkirche. Der Abschluss der Nacht der Kirchen im September findet seit 2002 mit einem ökumenischen Gottesdienst auf dem Mauritiusplatz statt.

Ein renommierter Baumeister.
Johannes Otzen

Ringkirchenarchitekt Johannes Otzen erblickte 1839 in Sieseby in Schleswig-Holstein, das damals noch zu Dänemark gehörte, als Sohn eines Dorfschullehrers, der in der Kirche Orgel spielte, das Licht der Welt. Nach einer Zimmererlehre und dem Besuch der Baugewerkschule in Nienburg an der Weser begann er ein Studium am Polytechnikum – der späteren Technischen Hochschule Hannover. Dort kam er mit dem Architekturprofessor Conrad Wilhelm Hase (1818 – 1902) in Verbindung, einem eingefleischten Verfechter der Neugotik und des Backsteinbaus. Otzen wurde Bauführer in Hases Atelier. Von 1885 an war Otzen Präsident der Königlichen Akademie der Künste in Berlin.

Der tüchtige und geschäftlich erfolgreiche Baukünstler plante in Berlin mehrere Villenkolonien und andere Privatbauten. Am Ende seines Lebens hatte er 22 Kirchen entworfen. 1911 starb Otzen, hoch dekoriert mit preußischen Orden. Das Monument seines Wandgrabs mit dem Relief Otzens, ein Werk des Architekten und Bildhauers Curt Stoeving, befindet sich auf dem Neuen Friedhof Wannsee. Es ist gekrönt von einem hohen Giebel mit gotischen Ornamenten, flankiert von zwei Engeln.

Der Architekt und der Theologe. Otzen und Veesenmeyer

Es war eine glückliche Fügung, dass beide, der Architekt Johannes Otzen und der Pfarrer der Bergkirche, Emil Veesenmeyer, (1857 – 1944), einer Freimaurerloge angehörten und darüber einen Draht zueinander fanden. 35 Jahre lang, 1892 bis 1927, wirkte Veesenmeyer in der Bergkirchengemeinde, von 1918 an als Dekan und 1925 im Rang eines Landeskirchenrats. Die Universität Marburg verlieh ihm 1918 den Titel eines Ehrendoktors der Theologie.

Johannes Otzens letzte Ruhestätte: Relief an seinem Grab auf dem Neuen Friedhof Wannsee.

Von 1886 bis 1892 war Veesenmeyer Pfarrer an der Wiesbadener Marktkirche. An deren Bauform hat er sich gründlich abgearbeitet. Zu sehr ähnelte sie ihm einer mittelalterlichen Prozessionskirche, zu sehr schien sie ihm mehr zum Feiern einer Messe als zum Predigen geschaffen. Viel zu katholisch. „Eine richtige protestantische Kirche muss für den katholischen Cultus geradezu unbrauchbar sein", schrieb Veesenmeyer 1890. Im selben Jahr fragte sich Pfarrer Karl Bickel, ob die Länge seiner Marktkirche „nicht eine Versündigung an der Kraft und Gesundheit des Predigers" sei. Die Funktion einer Kirche soll ihre Architektur bestimmen, forderte Veesenmeyer. Ein paar Jahre später, 1896, formulierte es ähnlich der amerikanische Hochhausarchitekt Louis Sullivan mit seinem richtungsweisenden Prinzip „form follows function". Die Form eines Baus hat seiner – hier liturgischen – Funktion zu dienen.

Spiritus rector des Wiesbadener Programms: Dekan Emil Veesenmeyer.

Einflüsse aus Straßburg. Predigtkirche für die Gemeinde

Wie eine protestantische Predigtkirche beschaffen sein soll, darüber hatte man sich unmittelbar nach der Reformation nicht allzu viele Gedanken gemacht. Im sächsischen Torgau hatte Martin Luther allerdings zwei Jahre vor seinem Tod 1544

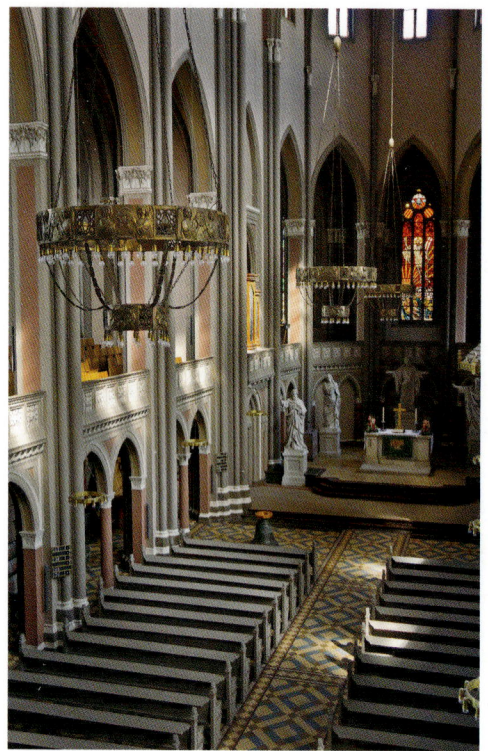

Für Veesenmeyer viel zu katholisch: die Wiesbadener Marktkirche.

Versammlungsort aller Gläubigen: die Kanzel der Schlosskirche in Torgau.

die Schlosskirche als ersten lutherischen Kirchenneubau der Welt eingeweiht: mit der für alle Versammelten sichtbaren Kanzel in der Mitte des Raums. Kirche als Versammlungsort aller Gläubigen zur Verkündigung des Evangeliums.

Bei der Entwicklung des protestantischen Kirchenbaus spielte die Liturgische Bewegung eine maßgebliche Rolle. Hier war der Straßburger Professor für Praktische Theologie Friedrich Spitta einer der führenden Theoretiker. Bei ihm hatte auch Emil Veesenmeyer studiert. Straßburg war zur Bauzeit der Ringkirche deutsch. Das war den Zeitgenossen noch selbstverständlicher als der Besitz von Kolonien in Afrika und im Pazifik. Spittas Liturgische Bewegung wollte die Gemeinde stärker in den Gottesdienst einbeziehen.

Der gebürtige Stuttgarter und in Mannheim aufgewachsene Emil Veesenmeyer war ein leidenschaftlicher Anwalt der Kirchenmusik, Vorsitzender des Kirchengesangvereins, des Gustav-Adolf-Vereins, dazu Vorsitzender der Wiesbadener Sektion des Deutschen und Österreichischen Alpenvereins. Eine Wiesbadener Pfarrer-Legende.

Protestantischer Dreiklang. Predigt, Sakrament und Musik

Der Auftrag für Johannes Otzen bedeutete die Abkehr von den bis dahin gültigen Regeln für den evangelischen Kirchenbau, den Bruch mit dem Eisenacher Regulativ von 1861. Nach diesem hatte der Nassauer Hofbaumeister Carl Boos (1806–1883) noch die Marktkirche (1862) als längsförmige, dreischiffige Basilika entworfen. Otzens Bergkirche (1879) mit ihrem zum Oktogon gestutzten Langhaus und seinem gequetschten Querschiff war eine Zwischenstufe. Aber schon hier rückten Gemeinde und Prediger näher zusammen.

Die Ringkirche (1894) war dann die erste Kirche in Deutschland, die sämtliche Kriterien des von Veesenmeyer formulierten Wiesbadener Programms erfüllte: die Einheit von Kanzel, Altar und Orgel, den protestantischen Dreiklang aus Predigt, Sakrament und Musik. Ganz im Sinne Martin Luthers, der der Musik „den ersten Platz nach der Theologie" eingeräumt hatte. Nirgendwo lässt sich protestantische

Kirchenbaugeschichte des 19. Jahrhunderts auf so engem Raum betrachten wie in Wiesbaden. Und das „mit den besten Beispielen, die wir in Deutschland haben", sagt der Präsident des Hessischen Landesamtes für Denkmalpflege a. D., Professor Dr. Gerd Weiß.

Noch im Jahr 1894 wurde ein gemischter Chor, der Ringkirchenchor, gegründet. Mit Pfarrer Lieber als Vorsitzendem und dem Inspektor der Blindenanstalt August Claas als Chorleiter. Von 1913 an dirigierte der Organist der Marktkirche Friedrich Petersen den Chor. Zeitweise bildeten Ring- und Lutherkirchengemeinde einen gemeinsamen Chor. Weil die Ringkirchengemeinde bald zu groß geworden war, beschlossen die Protestanten 1903 den Bau einer vierten Kirche. Es sollte die Lutherkirche werden. Die Gemeinde wurde 1908 als Tochter der Ringkirche ausgegründet, 1911 der Kirchenbau eingeweiht. Die Seelenzahl der Ringkirchengemeinde war von 18.000 im Jahr 1895 auf 41.000 im Jahre 1904 und auf 44.000 im Jahre 1908 gestiegen.

Von Mannheim nach Wiesbaden: Bergkirchenpfarrer Emil Veesenmeyer.

1894 gründete sich an der Ringkirche auch ein Frauenverein, der sich vor allem um die Armenpflege kümmerte. In unzähligen Nähstunden schneiderten die Frauen Hunderte Hosen, Röcke und Kleider, die die Pfarrer an Weihnachten verschenken konnten. Zur Betreuung der Kranken und Gebrechlichen der Gemeinde stellte das

Vier Kirchen in drei Jahrzehnten: Markt-, Berg-, Ring- und Lutherkirche.

Diakonissenmutterhaus Paulinenstiftung von 1909 an zwei Schwestern bereit. Bis dahin hatte man sich mit Schwestern des Roten Kreuzes beholfen. In den 1970er Jahren blieb der Nachwuchs an Diakonissen aus. Fünf ökumenische Zentralstationen übernahmen die pflegerischen Aufgaben.

Luther als Ahnherr. Das Priestertum aller Gläubigen

Das Wiesbadener Programm war das Ende der mittelalterlichen Trennung des Kirchenraums durch einen Lettner in einen erhöhten Chor für die geweihten Priester und den Raum für die Laien. Nach Luthers Lehre vom Priestertum aller Gläubigen wurden Chor und Lettner überflüssig, hielten sich aber noch recht lange in der Kirchenarchitektur. Weil der Chor wegfiel, musste an seiner Stelle etwas Neues geschaffen werden, um den Kirchenraum vorne abzuschließen: die Kanzelwand. In der Ringkirche ist es eine reich geschmückte steinerne Front hinter dem Altar, die noch an einen Lettner erinnert. Darüber ragt, nur halb sichtbar, die Orgel hervor.

Eine Welt der Symbole. Die großen bunten Glasfenster

Durch neun große Buntglasfenster fließt von drei Seiten gedämpftes, warmes Licht in den Kirchenraum. Die kleineren Emporenfenster sind in Fünfergruppen angeordnet und mit stilisierten Rosen und Reben geziert. Ein wahres Kleinod ist das Glasfenster an der Decke, das unter einer aufwendig konstruierten Glaslaterne das Licht golden in den Raum einstrahlen lässt.

Freimaurer-Symbole überall: Dreiecke auch an den Abschlüssen der Holzbänke.

Die großen Rosettenfenster zeigen den Adler (Evangelist Johannes), das Monogramm Christi, den Stier (Lukas), die Taube als Sinnbild des Heiligen Geistes, den Kelch als Hinweis auf das Abendmahl. Dazu kommen das Lamm mit der Siegesfahne, der Engel (Matthäus), Bibel und Kelch, der Löwe (Markus). Das mittlere Glasfenster der Westempore zeigte vor seiner Zerstörung das „Allsehende Auge", Symbol sowohl der Freimaurerei als auch des christlichen Schöpfergottes. In der freimaurerfeindlichen NS-Zeit hat man es zerstört und durch ein triviales Fenster ersetzt. Wahrscheinlich hat Ringkirchenpfarrer und Dekan Walter Mulot die Demontage veranlasst. Bei der Restaurierung 2005 wurde das ursprüngliche Motiv wieder eingesetzt.

Voller Zierrat: ein Blick auf die Kanzelwand.

Gedämpftes Licht: durch Rosetten und Rundbogenfenster.

Kühn konstruiert: die Lichtquelle von oben.

Das „Allsehende Auge": Symbol der Freimaurerei und des Schöpfergottes.

Ein besonderes Kleinod: das Glasfenster an der Decke mit dem Christusmonogramm.

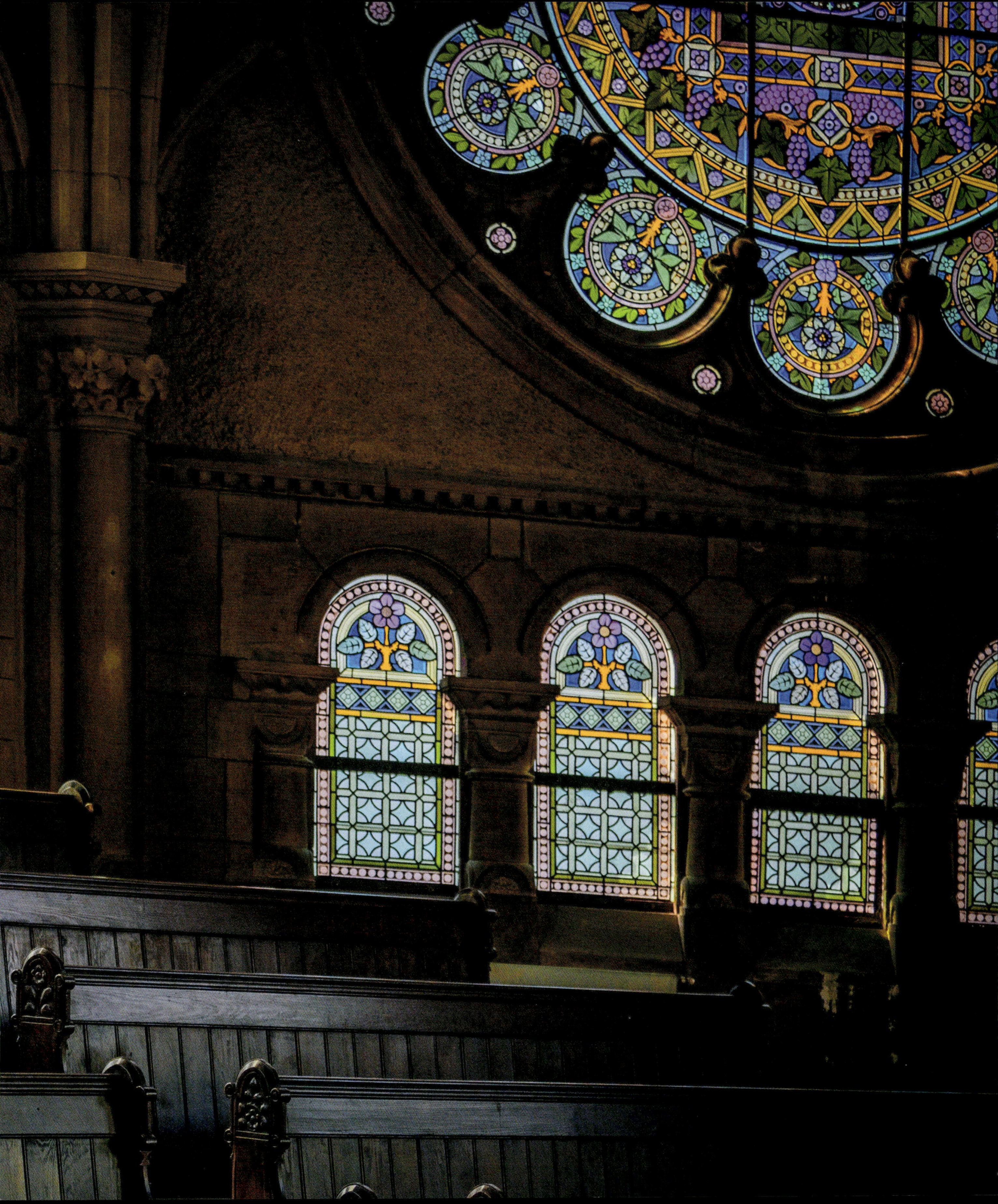

Voller Symbolik: die Pflanzenornamente an Wänden und Gewölben.

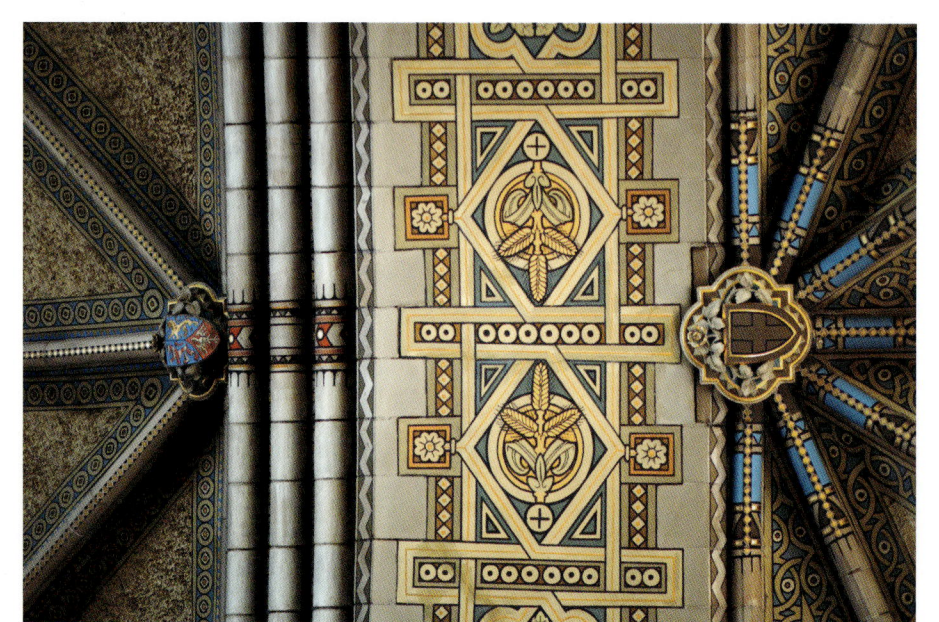

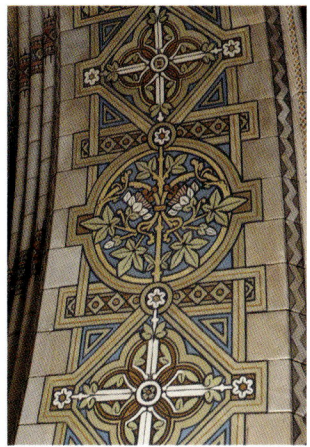

Symbol für das Leiden Christi: die Passionsblume am Triumphbogen.

Weinlaub und Trauben: Fries an der Orgelwand.

Bergpredigt (oben) und Abendmahl (rechte Seite): Sgraffitobilder in den Schildbögen der Kanzelnische.

Voller Symbolik sind auch die Pflanzenornamente an Wänden und Supraporten, Gewölben und Türen, Fenstern und Friesen. Efeuranken als Sinnbild der Auferstehung und des ewigen Lebens, Eichenblätter und Eicheln für Wahrhaftigkeit und Standhaftigkeit, Passionsblumen für das Leiden Christi. Ähren und Korn, Weinlaub und Trauben stehen für das Abendmahl mit Brot und Wein.

Biblische Szenen. Bergpredigt und Abendmahl

„Selig sind die Friedfertigen." Der Leitgedanke aus der Bergpredigt prangt auf einem der Schildbögen der Kanzelnische. Nebenan die Abendmahlszene: „Das thut zu meinem Gedächtniß". Ganz rechts bricht der „Verräter" Judas auf. Mit seinem stechenden Blick und dem Geldsack in der Hand bedient er antijüdische Vorurteile. Pfarrer Ralf-Andreas Gmelin ist das ein Dorn im Auge: „Ich würde ihn am liebsten zuhängen." Die schwarz-weißen Sgraffitobilder sind eine Arbeit der Düsseldorfer Künstler Bruno Ehrlich und Wilhelm Döringer. Die beiden Motive stehen für die Gleichwertigkeit von Abendmahl und Predigt.

Biblische Szenen, in einem Dreipass gerahmt, finden sich auch an der Ostkonche der Orgelempore. Links vom Publikum aus betrachtet Christus als Tröster: „Kommet her zu mir alle, die ihr mühselig und beladen seid, ich will Euch erquicken" (Mt

11,28). Kranke und Gebrechliche, Witwen und Waisen, Verirrte und Verlorene sollten in diesem Gotteshaus Zuspruch und Trost finden. Auf der rechten Seite Christus als Freund der Kinder: „Lasset die Kindlein zu mir kommen, denn ihrer ist das Reich Gottes." (Mt 19,14). Die Zwickel zwischen den Rahmen der Bilder und den Anfängen der Gewölbe zieren Figuren kniender Engel mit Musikinstrumenten. Darunter ein Schriftband mit dem Spruch des Propheten Ezechiel (Hes 37,27): „Ich will unter ihnen wohnen und will ihr Gott sein, und sie sollen mein Volk sein."

Die Rheinische Zeitung beschrieb die Ausmalung der Ringkirche als „ein koloristisches Meisterstück, edel und vornehm, ohne prunkend zu sein".

Eine „herrliche Lage". Otzens Kunstgriff

Johannes Otzen hatte sich mit der speziellen Umgebung am oberen Ende der 45 Meter breiten Rheinstraße auseinanderzusetzen. Für Pfarrer Bickel „wegen der herrlichen Lage eine überaus dankbare Aufgabe für den Herrn Professor". In Wirklichkeit war die „herrliche Lage" mit dem nach Osten drei Meter abfallenden Gelände alles andere als einfach.

Otzen löste das Problem mit einem Kunstgriff. Der Turmfront im Osten hin zur Rheinstraße, der Haupt-Schauseite, gab er einen Scheineingang. Das Gefälle glich

Biblische Szenen: Christus als Tröster (unten) und Freund der Kinder.

er mit einer geböschten, rund um die Kirche verlaufenden Terrasse aus, die von Osten über eine Rampe und eine Freitreppe erreichbar ist. Um den Bau herum verlaufen achsensymmetrisch zwei geschwungene Straßen, sodass die Ringkirche auf einer – heute von Autoverkehr umtosten – Verkehrsinsel liegt. Die Rheinstraße von der Wilhelmstraße bis zur Ringkirche ist eine alte Wiesbadener Messlatte: genau einen Kilometer lang. Nach dem Bau der Ringkirche war sie eine beliebte Promeniermeile mit einer zweigleisig fahrenden Straßenbahn. In den 1920er Jahren wurde die Bahn nach und nach durch Busse ersetzt. Der von Otzen einst so herrlich gestaltete städtebauliche Blickfang wird heute durch jahrzehntelangen, ungezügelten Wildwuchs der Platanen auf der Rheinstraße gestört.

Den tatsächlichen Haupteingang aber platzierte der Architekt an der Westseite. Von dort steigt der Kirchenbau stufenartig bis zu den Spitzen der Zwillingstürme im Osten in die Höhe: ein imposantes Spiel aus Rundbögen und Spitzbögen, Säulen und Halbsäulen. Rosetten, Türmen und Türmchen, Wasserspeiern, Gauben, Giebelchen und Giebeln.

Aufsteigende Turmlandschaft: Blick von Südwesten.

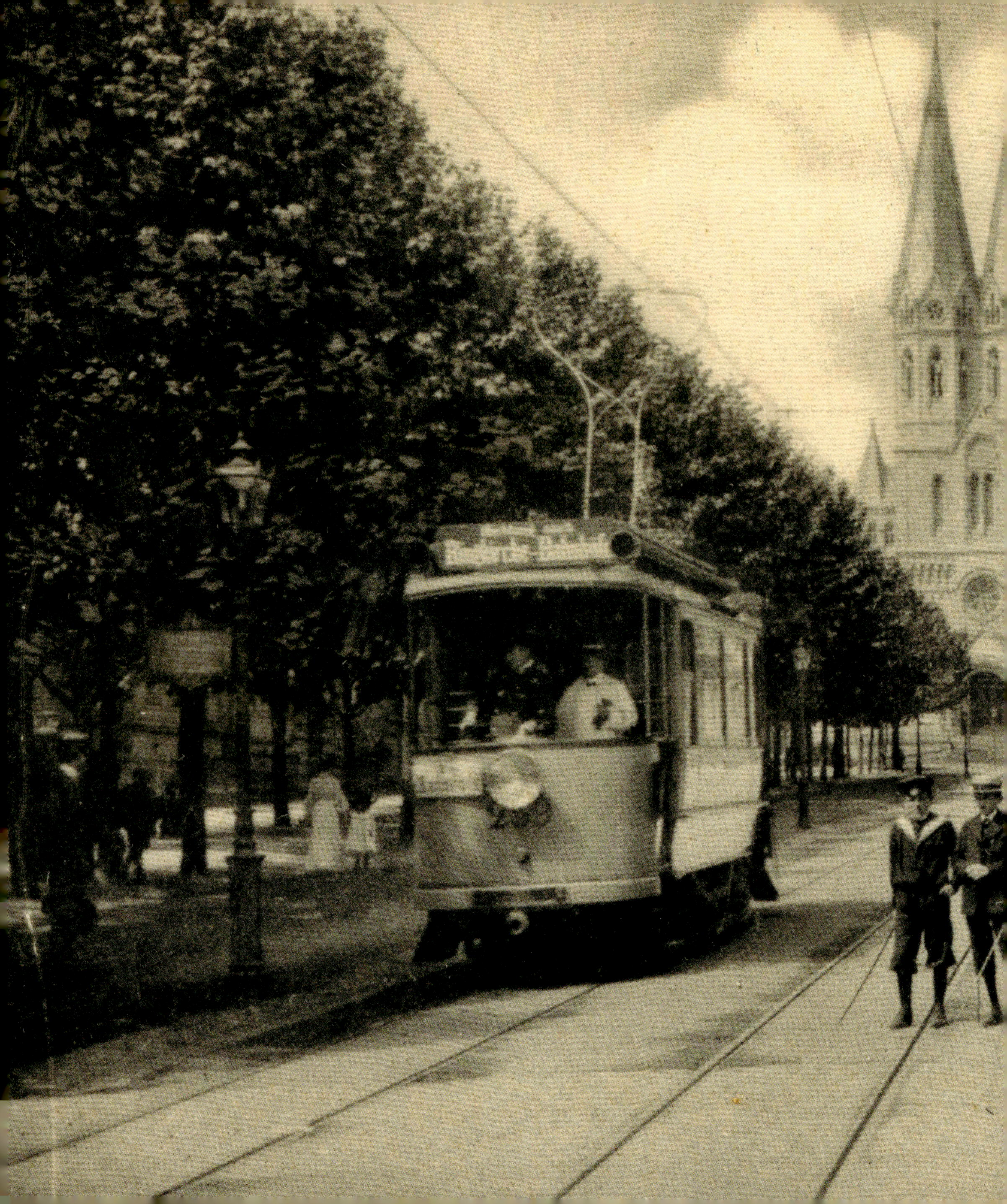

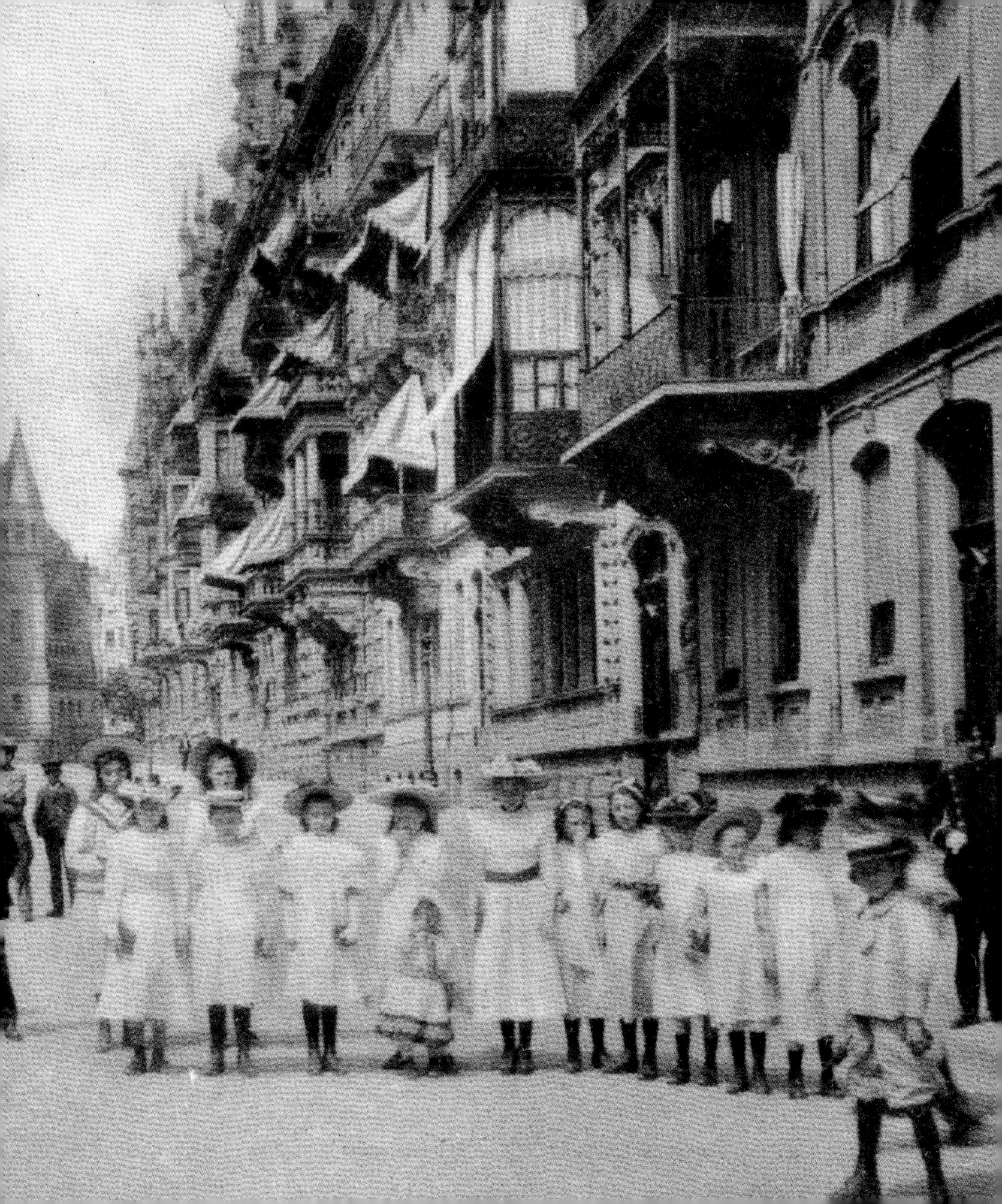

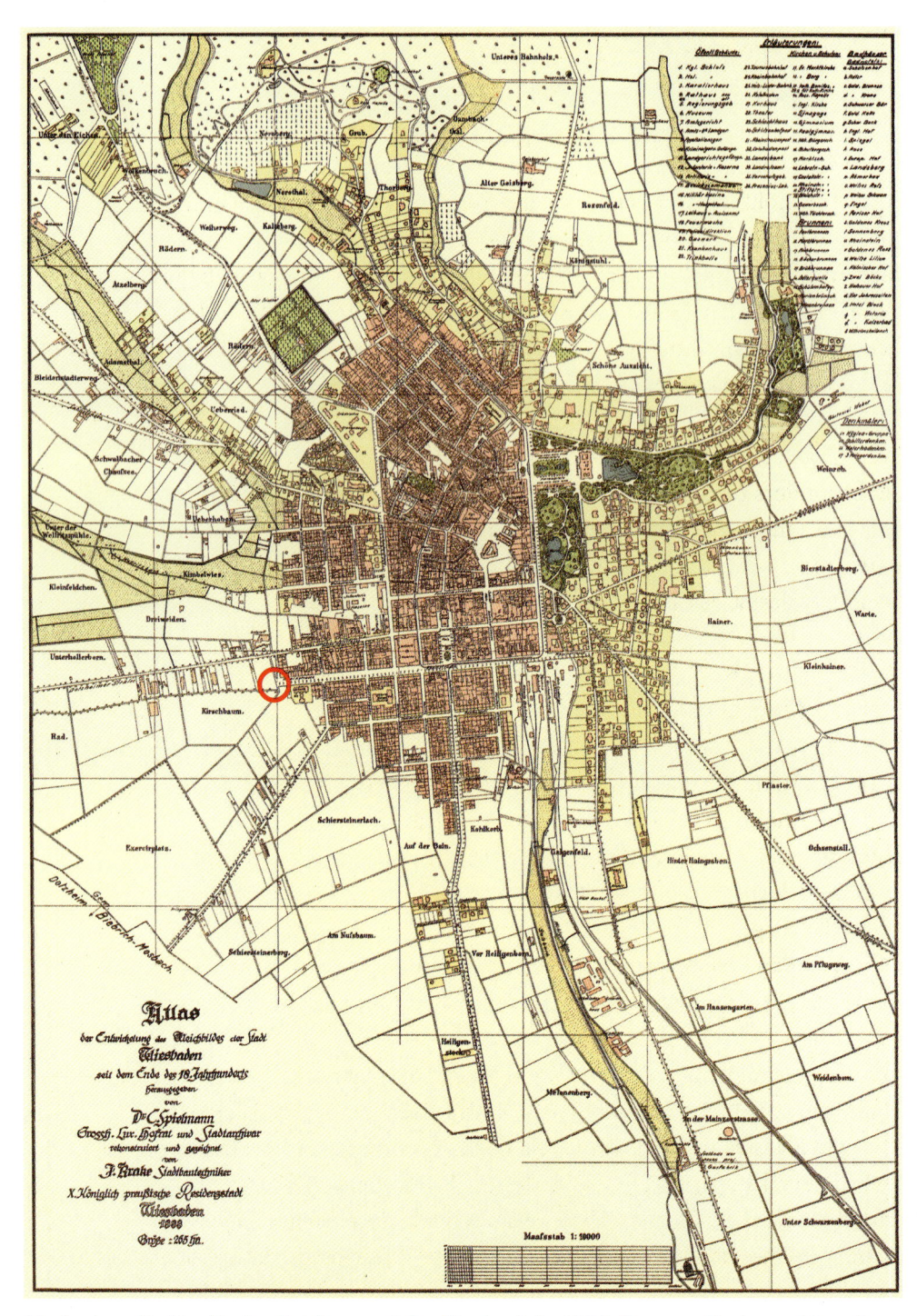

Noch ohne die Ringkirche: Spielmann-Atlas für das Jahr 1888. Der rote Kreis markiert den späteren Standort der Ringkirche.

Künstlerische Feinfühligkeit.
Von der Walcker-Orgel begeistert

Hinter der Kanzelwand befindet sich, begrenzt von drei Wölbungen, die Sängerempore in einer Art erhöhtem Chor. Hier ist Platz für rund hundert Sängerinnen und Sänger. Der Giebel über der Kanzelnische diente ursprünglich dazu, „die ausübenden Musiker und den Kapellmeister dem Anblick der Gemeinde zu entziehen". Damit sollte – gemäß der Lehre von Friedrich Spitta – verhindert werden, dass die Orgel zu sehr dominiert und die Kirche den Charakter eines Konzertsaals erhält. Der Orgelprospekt ist ein Werk der Gebrüder Neugebauer.

Die Revisoren der Orgel, unter ihnen der Organist Adolf Wald, schwärmten: „Die Klangfarben der besonders zarten und feinen Register sind von wunderbarer Wirkung, Intonation und Stimmung, von Herrn Eberhard Walcker mit künstlerischer Feinfühligkeit ausgeführt […]. Das volle Werk zeichnet sich durch außerordentliche Kraft, Fülle und Majestät des Tones aus."

Reizvolle Kanzelwand.
Christus und die vier Evangelisten

Unter dem reich verzierten, von einem Rundbogen getragenen Dreiecksgiebel ragt aus einer Nische die erhöhte steinerne Kanzel heraus. Davor, um eine Treppenstufe erhöht und von zwei Ziersäulen flankiert, steht der Altar als ein schlichter Abendmahlstisch aus Marmor. Das Antependium zeigt Christus als Opferlamm, mit dem Kreuz auf der Siegesfahne: Christi Triumph über den Tod. Auf der Rückseite ist vermerkt: „Von den Frauen und Jungfrauen Wiesbadens." Hinter dem Altar öffnet sich die Sakristeitür mit einem holzgeschnitzten Bild Johannes des Täufers.

An der Spitze des Giebels ragt ein steinernes Kreuz empor, darunter ein Medaillon mit dem Bild Christi. An der Wand imponieren die Statuen der vier Evangelisten auf einer säulengestützten Konsole unter einem Steinbaldachin, entworfen vom Berliner Bildhauer Wilhelm Haverkamp (1864 – 1929), dessen Wiesbadener Kollegen Rieger und Schultz den Entwurf ausführten. Die zwei äußeren Evangelisten schauen in den Gemeinderaum, die inneren blicken zum Kreuz über der Kanzelnische empor. Dahinter verläuft die zweiarmige geschwungene Treppe zur Kanzeltür. Besonders reizvoll wirkt der Kirchenraum, wenn am späten Nachmittag die Sonne durch die Fenster der Westempore auf die Altarwand strahlt. „Wenn man hier Pfarrer ist, muss

Kommet her zu mir alle die ihr mühselig und beladen seid ich will euch erquicken

ihr Gott sei

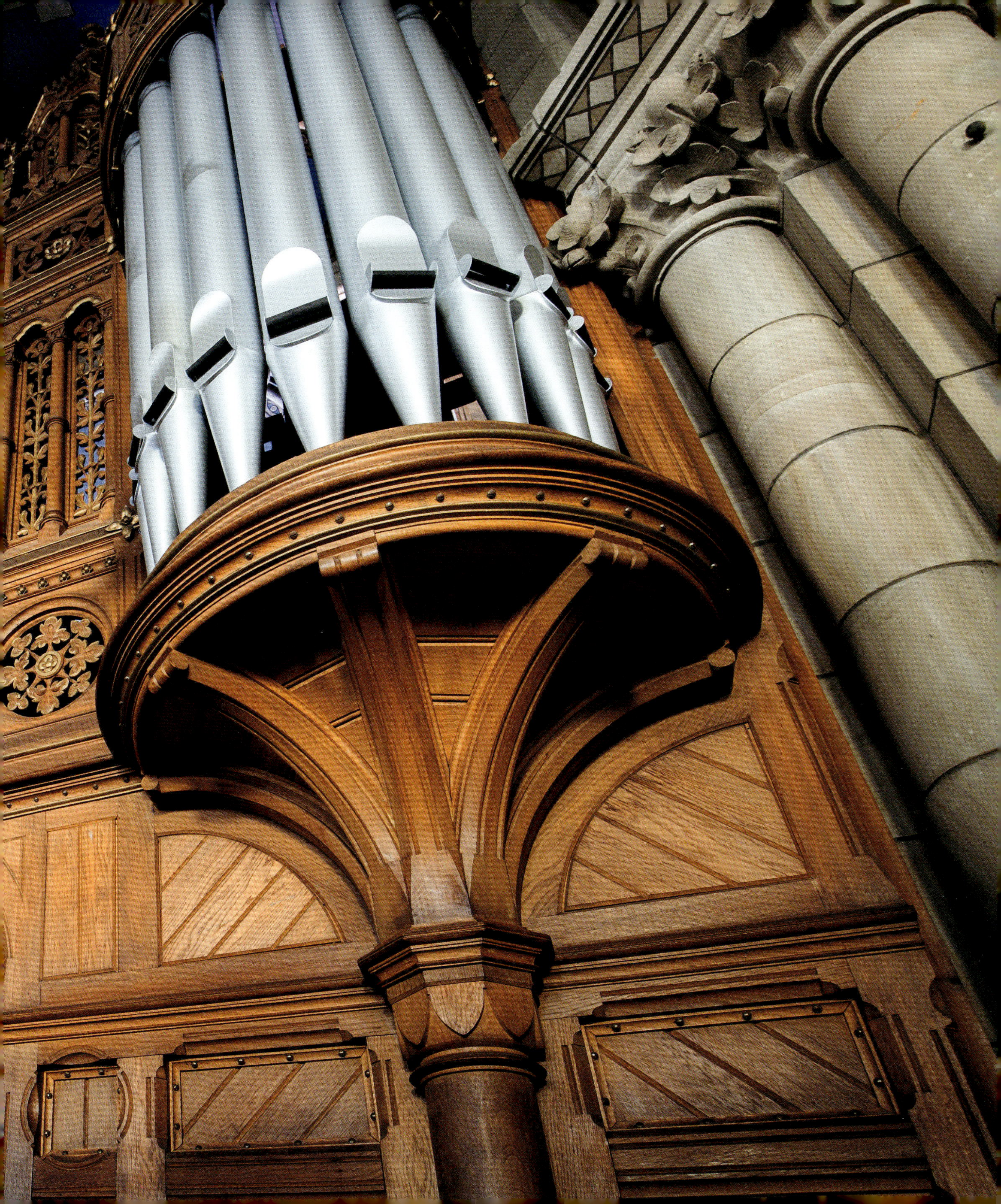

man sich auf den Kirchenraum einlassen", sagt Ralf-Andreas Gmelin. Seit der Jahrtausendwende predigen die Pfarrer wieder auf der Kanzel und nicht am Rednerpult vor dem Altar, wie es in den Jahrzehnten davor zeitweise gehandhabt wurde.

Außen Turmlandschaft. Innen Zentralbau

Von außen erkennt der Betrachter nicht auf den ersten Blick, dass es sich um einen Zentralbau handelt. Seitlich von Westen betrachtet, wirkt die Kirche wie eine Dreikonchenanlage mit einem kurzen Langhaus. Der Eintretende läuft zunächst durch die Vorhalle und den leicht abgedunkelten Raum unter der West-Empore, bis er den offenen, helleren Raum mit dem Stirngewölbe betritt. Über einem griechischen Kreuz mit vier gleich langen Armen steigen die Kreuzrippen auf und umfassen – völlig pfeilerlos – den monumentalen Raum. Sie spannen sich wie die Fäden eines Spinnennetzes unter dem Gewölbe. Seitenschiffe gibt es nicht, stattdessen polygonale Konchen, halbrunde Seitenarme mit den leicht nach vorn ragenden Emporen, gewaltigen Zierfriesen und gestaffelten Bögen. Die Ostkonche mit der Sängerbühne sieht man von außen nicht, weil sie von der Turmfront abgeschirmt ist. Deshalb dringt von Osten auch kein Tageslicht ein.

Kräftige Außenmauern und Stützpfeiler fangen den gewaltigen Schub des Steingewölbes auf. Die Wuchtigkeit des Raums wird aber etwas aufgehoben durch kleinteiligen Dekor. Dabei arbeitete Johannes Otzen mit Formen, die sich an keiner historischen Stilvorlage orientierten. Die Laubkapitelle hat er zwar der Gotik entlehnt, legte sie aber völlig frei aus.

Zentralbauten waren im 19. Jahrhundert nichts Neues. Es hatte sie schon in der Ostkirche, in der Renaissance, im Barock und im Klassizismus gegeben. Pfarrer Veesenmeyer wollte mit dem Bau „eine möglichste Schlichtheit, Einfachheit und Monumentalität der Gesamtarchitektur" erreichen. Zur Rheinstraße hin gelingt das mit der mächtigen Turmwand und den Zwillingstürmen.

Über eine zweiarmige Treppe zu erreichen: die Ringkirchenkanzel.

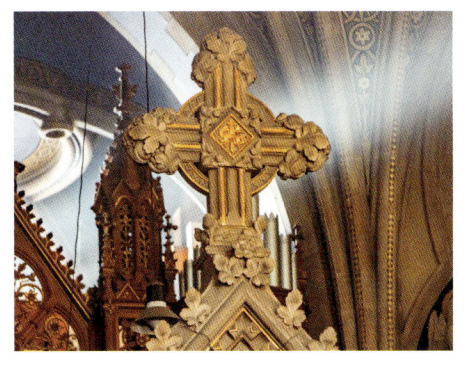

Am Eingang zur Sakristei: holzgeschnitzter Johannes der Täufer.

Reich verziert: das Giebelkreuz der Kanzelwand.

Christi Sieg über den Tod: das Lamm mit der Siegesfahne am Antependium.

Durch sie entstanden links und rechts der Sakristei zwei weitere Räume. Der eine dient heute als Küche, der andere war als Taufkapelle geplant. Sie wurde allerdings kaum genutzt. Heute ist es der Raum der Stille. Den Taufstein hat man in den Kirchenraum verlegt.

Zur „Nobilitierung des Viertels". Pfälzer Sandstein

Anders als bei der Markt- und der Bergkirche wollte man jetzt keine Backsteinoptik mehr sehen. Die federführende Gesamtgemeinde strebte Prachtvolleres an: Königsbacher Sandstein aus der bayerischen Rheinpfalz sollte es sein, derselbe Stein, aus dem auch der Berliner Reichstag erbaut ist. Innen graugrüner Olsbrücker Sandstein. Für die Kanzelwand verwendete man polierten Oolith, ein Sedimentgestein aus kleinen Mineralkügelchen. Der Sandstein diente aber nur zur Verblendung. Die Grundmauern der Ringkirche sind aus Backstein aus einer der zahlreichen Wiesbadener Ziegeleien.

Flankieren die Kanzelnische: die vier Evangelisten.

Für Architekt Otzen bedeutete die Verkleidung mit Sandstein eine „Nobilitierung des ganzen Viertels". Der Rheinische Kurier schrieb 1891: „Die Kirche reiht sich in das Landschaftsbild äußerst gefällig ein." Die Ringkirchenpläne hatten schon vor Baubeginn auf der Internationalen Kunstausstellung in Berlin Furore gemacht. Allerdings hatte der Journalist „als einziges Bedenken, dass das Hauptportal […] nach Westen gelegt ist, während wir gewohnt sind, die Portale […] auf der Turmseite zu suchen". Einen Scheineingang gab man 1894 auch dem Königlichen Theater in Wiesbaden.

300.000 Goldmark waren für den Bau veranschlagt worden. Wegen der Verblendung mit Sandstein stieg die Summe auf 400.000 Mark an. Im Baufonds waren

1891 schon 103.000 Mark angespart. Gewinne standen durch den Weiterverkauf der benachbarten Baugrundstücke in Aussicht. Für die Restfinanzierung nahm man einen Kredit bei der Nassauischen Sparkasse auf.

Vieles musste noch nachjustiert werden. Nach der Schlussabrechnung 1897 hatte der Kirchenbau 654.527 Goldmark und 26 Pfennige gekostet.

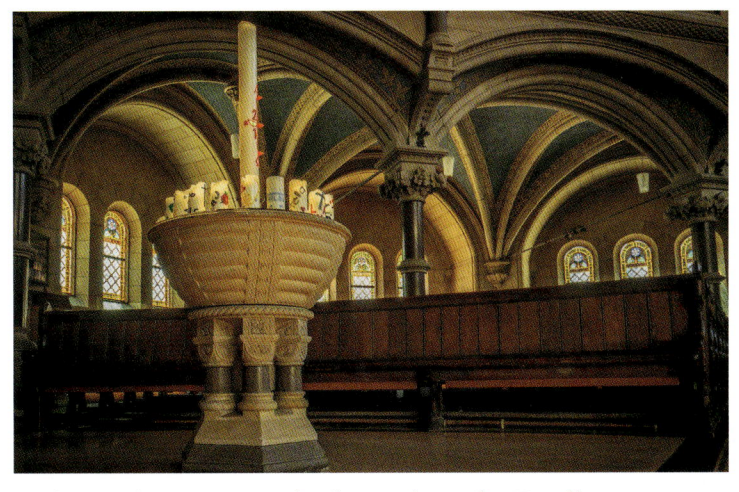

Wie in einem Amphitheater. Abfallende Bankreihen

In den Kirchenraum gerückt: der Taufstein der Kapelle.

1881 hatte der Dresdner Pfarrer Emil Sulze (1832 – 1914) angeregt, die Gemeinde im Halbkreis um Altar und Kanzel zu versammeln. Auch diese Idee setzte Johannes Otzen jetzt mit der Ringkirche um. Alle Sichtlinien der halbkreisförmigen Bankreihen laufen konzentrisch auf Altar, Kanzel und Orgelprospekt zu. Die Sitzreihen fallen nach vorne etwa einen Meter ab und schaffen so die Anmutung eines Amphitheaters. Der Pfarrer kann von allen Plätzen aus gut gesehen und gehört werden. Beste Voraussetzungen, um die Predigt zu einer „traulichen Zwiesprache" (Emil Sulze) mit der Gemeinde werden zu lassen. Gute Bedingungen auch für die Akustik.

Architektonische Dramaturgie: durch die Vorhalle in den Kirchenraum.

Und noch etwas ist typisch für den evangelischen Kirchenbau: die Empore, auch wenn sie keine Erfindung der Reformation ist. Schon altchristliche Basiliken, byzantinische und karolingische Kirchen besaßen Emporen. Sie verschwanden aber in der Gotik und werden erst nach der Reformation wieder entdeckt. Auch wenn in unseren Tagen die Gottesdienstbesucher die Kirche nicht mehr füllen: Beim Krippenspiel an Heiligabend sind auch die drei Emporen bis auf den letzten Platz besetzt.

Frei modifizierte Gotik: modernes Laubkapitell.

Geniale Lösung: die östliche Turmfront mit dem Scheineingang.

Der Durchbruch mit seinem Wiesbadener Programm gelang Emil Veesenmeyer auf dem zweiten protestantischen Kirchenbaukongress 1906 in Dresden. Bis zum Ersten Weltkrieg entstanden nach dieser Schule im deutschsprachigen Raum Dutzende neuer Kirchen. Zu ihnen zählen die Christuskirche in Mannheim, die Pauluskirche in Basel und die Lutherkirche in Worms. Wiesbadens Bergkirchenpfarrer Emil Veesenmeyer hat – gemeinsam mit seinem Logenbruder Johannes Otzen – deutsche Kirchenbaugeschichte geschrieben.

Veraltete Regeln. Das Eisenacher Regulativ

Im Eisenacher Regulativ von 1861 hatte es noch geheißen: „Die Kanzel darf weder vor noch hinter oder über dem Altar, noch überhaupt im Chore stehen. Ihre richtige Stellung ist da, wo Chor und Schiff zusammenstoßen, an einem Pfeiler des Chorbogens nach außen." Als Grundform des Kirchenbaus war ein längliches Viereck vorgeschrieben. Der um mehrere Stufen erhöhte Chor mit dem Altar sollte im Osten platziert werden. Das Eisenacher Regulativ sagte weiter: „Die Würde des christlichen Kirchenbaues fordert Anschluss an einen der geschichtlich entwickelten christlichen Baustyle und empfiehlt in der Grundform des länglichen Vierecks neben der altchristlichen Basilika und der sogenannten romanischen (vorgotischen) Bauart vorzugsweise den sogenannten germanischen (gotischen) Styl." Die Orgel sollte sich nach diesen Regeln auf der Westempore befinden, der Turm über dem westlichen Haupteingang. Beim Wiesbadener Programm gab es keine stilistischen Festlegungen mehr.

Lange hatte man gedacht, die Gotik sei in Deutschland erfunden worden, tatsächlich aber war sie eine französische Schöpfung. Der Rückgriff auf diesen mittelalterlichen Stil war der Reflex auf den Klassizismus des frühen 19. Jahrhunderts und entsprang der Sehnsucht nach einem christlichen und vermeintlich typisch deutschen Stil. Den Boden für diesen Irrtum hatte Johann Wolfgang Goethe mit seiner 1773 erschienenen Schrift „Von deutscher Baukunst" gelegt.

Mit ihr hat er dem Erbauer des Straßburger Münsters, Erwin von Steinbach, ein Denkmal gesetzt und die lange missachtete Gotik salonfähig gemacht. Nach den Befreiungskriegen gegen Napoleon erklärte man die Gotik kurzerhand zum „deutschen Stil".

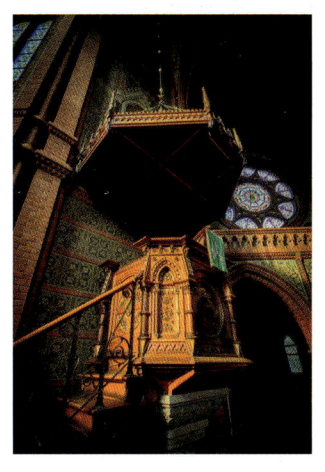

Romanik & Gotik.
Otzens „Übergangsstyl"

Als Stilform für die Ringkirche wählte Otzen den Übergang von der staufischen Spätromanik zur Frühgotik. So ordnete es der frühere hessische Landeskonservator und Vorsitzende der Deutschen Stiftung Denkmalschutz, Professor Dr. Gottfried Kiesow (1931 – 2011), in seinem Architekturführer Wiesbaden ein. Für Otzen war die Ringkirche deshalb ein „Übergangsstyl". Damit blieb der Architekt noch ein wenig dem Eisenacher Regulativ verhaftet. Das wird sich bei der Lutherkirche ändern, wenn der Darmstädter Architekt Friedrich Pützer (1871 – 1922) historisierende Muster weitgehend hinter sich lässt und dem Jugendstil im Wiesbadener Kirchenbau zum Durchbruch verhilft. Johannes Otzen, der sich ebenfalls für den Bau der Lutherkirche beworben hatte, war jetzt obsolet. Die Außenarchitektur „bewegt sich zu sehr in den überlieferten akademischen Gesetzen", begründete Veesenmeyer 1906 im Rheinischen Kurier die Entscheidung für Friedrich Pützer. Ein Mitglied des Lutherkirchen-Preisgerichts bemerkte: „Wiesbaden ist auch mal was anderes zu gönnen, ganz abgesehen davon, daß mir Otzen hinsichtlich des Stils als ein Eklektiker unklarster Art erscheint."

Die Kanzel der Bergkirche: Sie ist noch nach den Regeln des Eisenacher Regulativs platziert.

Wie im Mittelalter.
Und trotzdem modern

Romanisch wirkt die Turmfront im Osten, romanisch auch die Fenster unter den Rosetten. Gotisch muten die neun Fensterrosetten mit einem Durchmesser von vier Metern an, die in den Innenraum leuchten. Ein Hauch von Mittelalter sollte wehen, gleichzeitig sollte es eine moderne Kirche sein. Das galt für den Raum, das galt auch für die Akustik, die durch die Reliefoberfläche des Innenraums gedämpft wird.

Wie in einem Amphitheater: halbrunde Kirchenbänke mit Gefälle zum Altar.

Vergeblich hatten einige Kirchenvorstandsmitglieder für die Integration von Gemeindesälen in das neue Gotteshaus plädiert. Das amerikanische Dreiwertsystem hat man erst beim Bau der Lutherkirche übernommen. Dort bilden Kirchen-

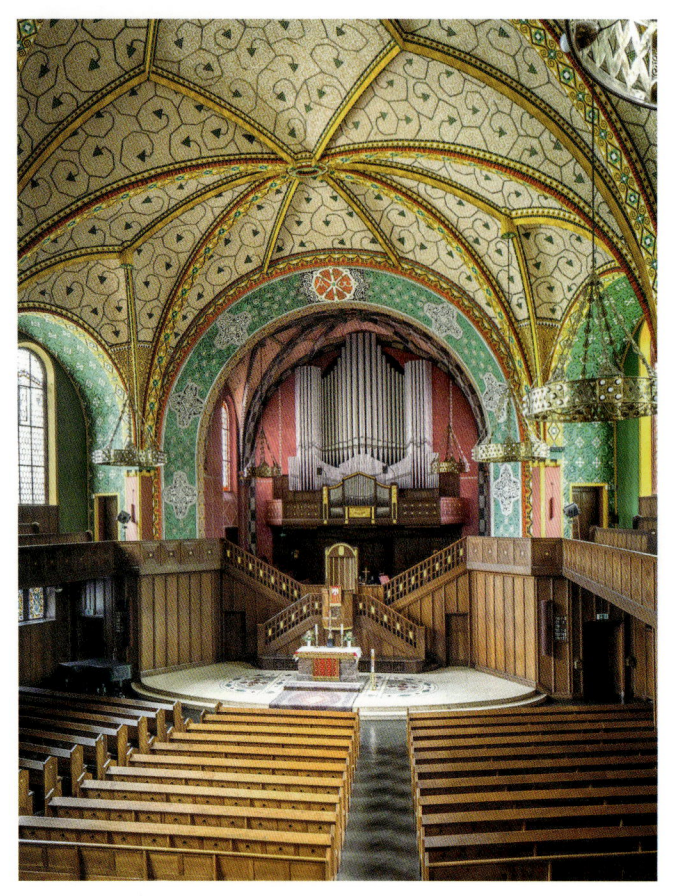

Historisierende Formen sind passé: die Lutherkirche mit ihren Jugendstil-Ornamenten.

1898 fertiggestellt: das Pfarrhaus An der Ringkirche 3.

raum, Gemeindesaal und Pfarrhaus eine architektonische Einheit. Das Ringkirchenpfarrhaus wurde 1898 fertig, mit zwei Pfarrerwohnungen, einer Küsterwohnung und dem Gemeindesaal.

Als Prototyp des protestantischen Kirchenbaus in Deutschland gilt die barocke Frauenkirche in Dresden (1726 – 1743), ein zentraler Kuppelbau nach den Plänen von George Bähr (1666 – 1738). Mit ihren Sicht- und Hörbeziehungen zu Kanzel, Altar und Orgel in der Ostapsis war das (2005 aus Ruinen wiederauferstandene) Gotteshaus, wenn man so will, ein früher Vorläufer des Wiesbadener Programms. Die Einheit von Kanzel, Altar und Orgel finden wir im 18. Jahrhundert auch in vielen Dorfkirchen, ebenso in zwei anderen Wiesbadener Gotteshäusern: in der Sonnenberger Thalkirche (16. Jahrhundert) und in der barocken Christophoruskirche in Schierstein (1754). Während das Eisenacher Regulativ eine Rückwendung ins Mittelalter war, kann man das Wiesbadener Programm als Rückgriff auf barocke Formen betrachten.

Immer noch unvollendet. Die Reformatorenhalle

Einer der schönsten Sakralsäle Wiesbadens ist die Reformatorenhalle mit ihrem heimeligen Backsteingewölbe, den warmen Klinkertönen, hellen Kreuzrippen, Halbsäulen und Steinblumen. Der Raum sollte als Gedächtnisstätte der Reformation, aber auch als Konfirmandensaal und für Gemeindeversammlungen genutzt werden. Heute finden hier Vorträge, Diskussionsveranstaltungen, Ausstellungen und Konzerte statt. Pfarrer Gmelin unterrichtet hier die Konfirmanden. Seit Mitte der 80er Jahre trifft man sich nach dem Sonntagsgottesdienst im „Café Ringkirche". An Heiligabend wurden Alleinstehende zu einem Abendessen mit festlichem Programm und einer kleinen Bescherung eingeladen. Es kamen aber auch schon Ehepaare und Familien, Ältere wie Jüngere. Organisatorinnen waren über viele Jahre die Kirchenvorsitzende Elke Flentge und Gemeindemitglied Marita Steuernagel.

Vier Medaillons protestantischer Geistesgrößen zieren die Halle: der Theologe Friedrich Schleiermacher, Thomaskantor Johann Sebastian Bach, der Liederdichter Paul Gerhardt und der lutherische Theologe Philipp Jakob Spener, einer der bekanntesten Protagonisten des Pietismus. Gerhardt und Bach entstammen der lutherischen Tradition, Spener und Schleiermacher der reformierten. Auch hier wieder ein Kompromiss zwischen Reformierten und Lutheranern ganz im Sinn der Nassauer Union. Das gilt selbst für die Standbilder an der Ostfront: Gustav Adolf war lutherisch, Wilhelm von Nassau reformiert.

Ursprünglich sollten entlang der Wände auch die Standbilder der vier Reformatoren Martin Luther, Philipp Melanchthon, Johannes Calvin und Huldrych Zwingli aufgestellt werden. Die vier Postamente und Baldachine stehen. Sie sind immer noch leer.

Am 31. Oktober 1817, am 300. Jahrestag des Wittenberger Thesenanschlags, hatten sich Lutheraner und Reformierte auf einer Generalsynode in Idstein zur Unierten Kirche Nassaus zusammengetan. Offenbar waren Ende des 19. Jahrhunderts die alten Konflikte zwischen Lutheranern und Reformierten wieder aufgeflackert, die man mit der Nassauischen Union zu überwinden gehofft hatte. Wohl im Verlauf der Streitigkeiten hat man die Reformatoren aufgegeben. Emil Veesenmeyer konnte sich hier nicht durchsetzen. Das Aufstellen der Skulpturen hat offenbar Ringkirchenpfarrer Lothar Friedrich hintertrieben. Er war kein Freund moderner Architektur, kein Anhänger des Wiesbadener Programms und zog früh gegen den Namen „Reformationskirche" zu Felde.

Veesenmeyer gelang aber ein anderer Coup: Er gewann den ehemaligen Landesherrn Adolph von Nassau für seinen Vorschlag, zwei Stein-Skulpturen für die Ost-Fassade zu stiften: den Schwedenkönig aus dem Dreißigjährigen

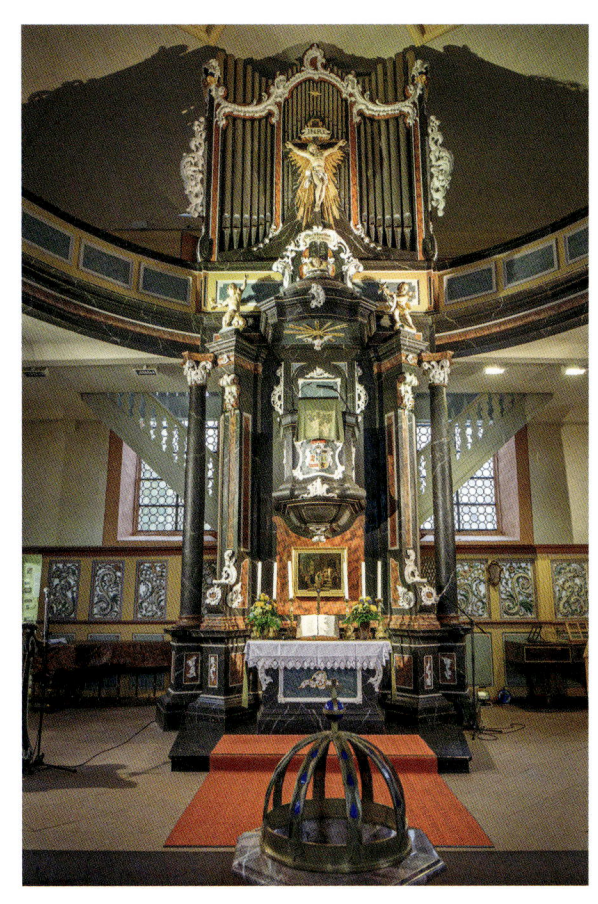

Barocker Vorläufer: Altar, Kanzel und Orgel in der Schiersteiner Christophoruskirche.

In warmen Tönen: Kreuzrippen und Backsteingewölbe in der Reformatorenhalle.

55

Protestantische Geistesgrößen (von links): Paul Gerhardt, Philipp Jakob Spener, Friedrich Schleiermacher und Johann Sebastian Bach.

Krieg, Gustav Adolf, und den Nassauer Wilhelm von Oranien, den Befreier der Niederlande von der katholisch-spanischen Herrschaft. Adolph von Nassau (1817 – 1905) hatte 1866 sein Herzogtum an Preußen verloren und 1890 – nach Jahren des Exils – durch Erbfolge den Luxemburger Großherzogsthron und damit den immer ersehnten Titel einer Königlichen Hoheit erhalten. Die Skulpturen der protestantischen Kämpfer sind ein Werk des Frankfurter Bildhauers Ernst Rittweger (1869 – 1944).

Vier Gemeinden. Aber eine Gesamtgemeinde

Nach dem Bau der Wiesbadener Bergkirche 1879 bildeten Wiesbadens Protestanten noch ein paar Jahre eine gemeinsame Gemeinde. Erst 1892, mit dem Baubeginn der Ringkirche, teilte sich das evangelische Wiesbaden in drei Gemeinden auf: in die Markt-, Berg- und Neukirchengemeinde. Später kam als vierte die Lutherkirchengemeinde hinzu. Die Vermögensverwaltung der Gemeinden oblag aber weiterhin der Gesamtgemeinde, die es immer noch gibt und heute aus elf Innenstadtgemeinden besteht. Einer ihrer ersten Vorsitzenden war Dekan Emil Veesenmeyer.

Zwei protestantische Kämpfer: Wilhelm I. von Oranien (rechts) und Schwedenkönig Gustav Adolf.

1902 entdeckte man, dass sich die Kanzelwand der Ringkirche nach vorn zu senken begann. Die Gottesdienste wurden vorübergehend ins Evangelische Vereinshaus in der Platter Straße verlegt. Man zog Eisenanker in die Kanzelwand ein und bannte so die Gefahr.

Der erste Kindergottesdienst wurde 1903 im Pfarrsaal gehalten, von 1910 an in der Kirche. Dafür hatten sich der Hilfsprediger Wilhelm Hause und Pfarrer Karl Veidt stark gemacht. 1910 schuf man in der Aula der Oberrealschule am Zietenring (heute Leibnizschule) eine zweite Predigtstätte. 1912 wurde sie wegen schlechten Besuchs wieder geschlossen. Pfarrer Dr. Dr. Heinrich Schlosser führte eine Konfirmanden-Sparkasse zum Ansparen für die Ausstattung der Konfirmanden ein.

1910 zählte die Marktkirchengemeinde 8.735 Seelen, die Bergkirche 16.043, die Lutherkirche 12.857. Die größte aber war die Ringkirchengemeinde mit 27.793 Gliedern. In diesem Jahr waren 63 Prozent der 109.000 Wiesbadener evangelisch, 32,4 Prozent römisch-katholisch, 2,5 Prozent Juden. In den 1920er Jahren lebten zeitweise über dreitausend Juden in Wiesbaden. Etwa die Hälfte kam in den Vernichtungslagern zu Tode. Ihre Namen sind seit 2011 am Mahnmal am Michelsberg in Stein graviert. NS-Schergen haben die Synagoge der liberalen Gemeinde in der Nacht zum 10. November 1938 durch Brandstiftung zerstört. Der Feuerwehr verbot man zu löschen.

Herzog Adolph von Nassau (1817 – 1905).

In der Nacht zum 10. November 1939 zerstört: die Synagoge am Michelsberg.

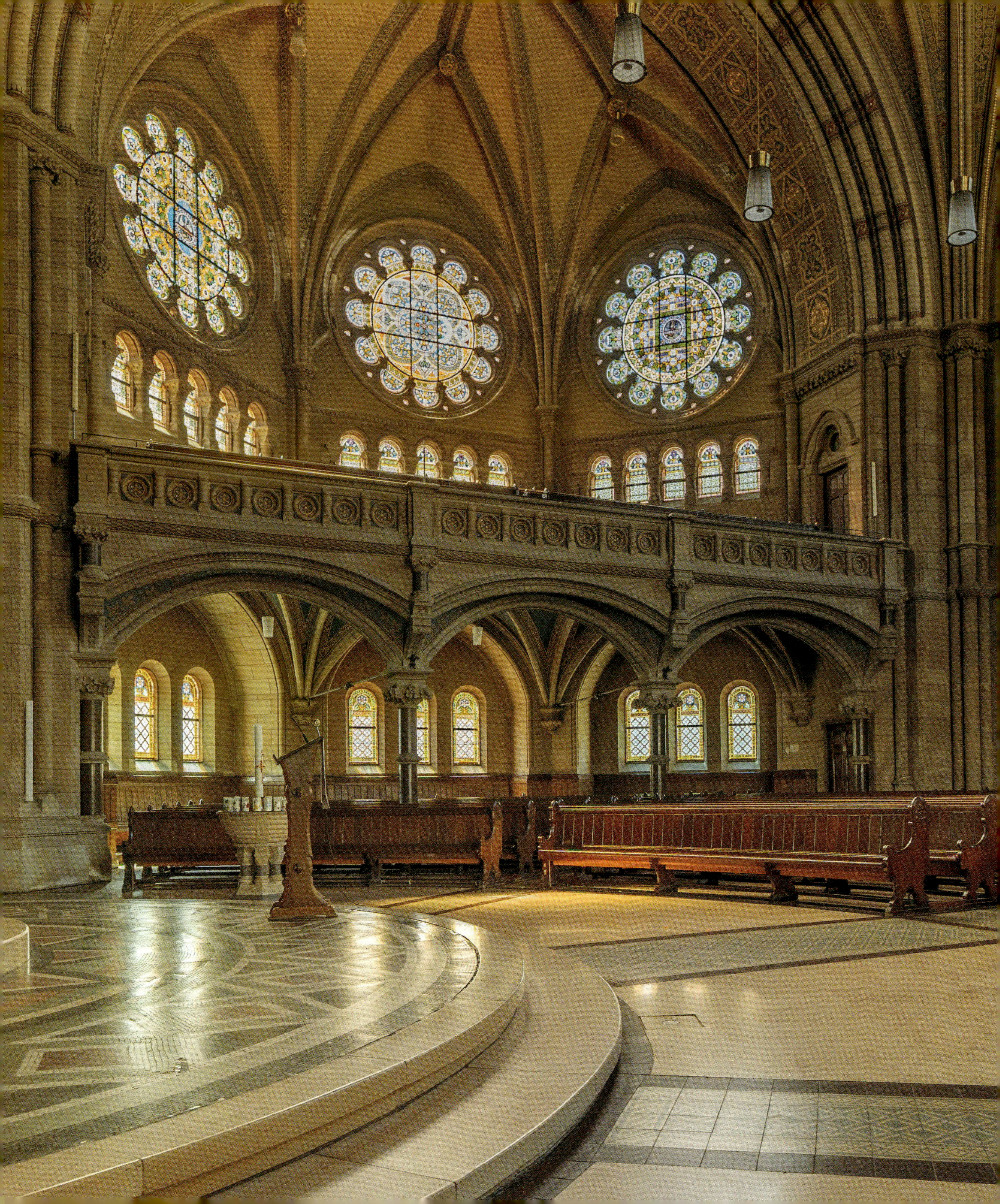

II. Pfarrer an die Front. Ringkirche im Krieg

Kampf als Lebenssinn. Aus Frömmigkeit und Vaterlandsliebe.

Am 1. August 1914, am Tag, als der Krieg begann, läuteten auch die Glocken der Ringkirche. Am 2. August ließ der oberste Bischof, Wilhelm II., von den Kanzeln verkünden: „Reinen Gewissens über den Ursprung des Krieges bin ich der Gerechtigkeit unserer Sache vor Gott gewiss."

August 1914 in der Schwalbacher Straße: Mobilmachung gegen Russland.

Als sich am Wiesbadener Hauptbahnhof die Soldaten zur Abfahrt an die Front verabschieden, glauben sie, bald würden sie Paris eingenommen haben und an Weihnachten wieder zu Hause sein. Ringkirchenpfarrer Fritz Philippi meldete sich freiwillig als Feldgeistlicher an die Westfront. Nach eigenen Angaben hat er rund 50.000 meist junge Soldaten beerdigt. Im August 1914 veröffentlichte Philippi seine ersten Kriegsgedichte und verherrlichte fortan den Krieg in glühenden Farben. Lutherkirchenpfarrer August Kortheuer, der spätere Nassauer Landesbischof, meldete sich im Oktober 1914 ebenfalls freiwillig zum Dienst als Felddivisionspfarrer. Im Dezember betrachtete eine Wiesbadener Kreissynode die nationale Begeisterung der Augusttage als „Beweis, daß noch ein guter, frommer Kern in unserem Volke steckt". Eine „in der Tiefe der deutschen Volksseele ruhende Glut inniger Frömmigkeit" sei entflammt.

Auf in den Krieg: Familienangehörige verabschieden die Soldaten vor der Gersdorff-Kaserne.

Auch Pfarrer Karl Bickel, seit 1898 Dekan, war von dieser Haltung geprägt. Im März 1915 hielt er in der Marktkirche eine Kriegspredigt über die Vaterlandsliebe, die er als Folge der Frömmigkeit sah: „Es ist die deutsche Bildung, deutsche Wissenschaft, deutsche Technik, deutsche Kunst, deutsche Musik, deutsche Freiheit, deutsche Frömmigkeit, kurz der deutsche Idealismus, den wir vor allen anderen Völkern voraus haben und den wir gegen russische Unkultur, französische Frivolität und gegen englischen Krämergeist und Materialismus verteidigen müssen." Bickel weiter: „Darum ist es Gottes Wille, daß wir uns tapfer wehren, daß wir in diesem Kriege aushalten und durchhalten bis zum letzten Hauch von Mann und Ross."

Damit befand sich der Dekan ganz im Einklang mit dem herrschenden Adel und großen Teilen des deutschen Bürgertums. Auch Thomas Mann wurde von den

Wellen der Kriegsschwärmerei erfasst. 1914 schrieb er: „Krieg! Es war Reinigung, Befreiung, was wir empfanden, und eine ungeheure Hoffnung."

Ganz im Gegensatz dazu der Theologe Karl Barth (1886 – 1968), der spätere Mitverfasser der Barmer Erklärung (1934). Barth, damals in Basel, widersprach seinen kriegsbegeisterten, theologisch liberalen Lehrern vehement und prangerte an, „wie jetzt in ganz Deutschland Vaterlandsliebe, Kriegslust und christlicher Glauben in ein hoffnungsloses Durcheinander geraten". Anstelle des Evangeliums werde „eine germanische Kampfreligion in Kraft gesetzt, christlich verbrämt durch viel Reden von ‚Opfer'".

Gegen die Verwahrlosung. Die Kleinkinderschule

In einem Wirtshaussaal am Elsässer Platz begann im Januar 1914 die Geschichte der „Kleinkinderschule" der Gemeinde. Für Kinder „aus den minderbemittelten Ständen, besonders solche Kinder, deren Mütter auf Arbeit gehen". Zu den Regeln gehörte, dass die Kinder „pünktlich, sauber gewaschen und gekleidet zu erscheinen" hatten.

Von August an wurde die Kleinkinderschule noch dringender gebraucht, nämlich für Kinder, deren Väter an der Front kämpften oder gefallen waren. Binnen weniger Wochen wurden in bis zu drei Wirtshaussälen Hunderte von Kindern behütet. Pfarrer August Merz, der sich für die Kinder einsetzte, war bestürzt über die desolaten Zustände, die er bei seinen Hausbesuchen vorfand. Oft war das eine Kind krank, das andere machte Lärm. Der Vater im Krieg, die Mutter bei der Arbeit. Kindergärten gab es in Wiesbaden schon vorher, zum Beispiel den Fröbelschen Kindergarten. Aber den konnten sich nur Betuchtere leisten.

Erste Leiterin des Ringkirchenkindergartens war eine Diakonisse des Paulinenstifts, Schwester Gretha Frank. 1930 bekam der Kindergarten neben dem Bau des Gemeindehauses in der Klarenthaler Straße 22 ein dauerhaftes Zuhause. 1941 übernahm ihn die Nationalsozialistische Volkswohlfahrt (NSV). Kleine Jungs lernten jetzt früh, dass sie einmal „deutsche Soldaten" werden sollten, die kleinen Mädchen bereitete man auf ihre Rolle als „deutsche Mütter" vor. Im Juni 1945 wurde der Kindergarten in kirchlicher Regie unter der Leitung von Irma Seibel wiedereröffnet.

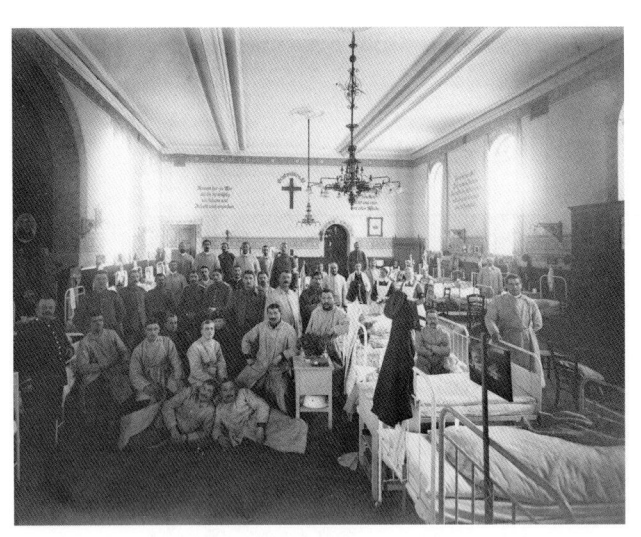

1914 eingerichtet: das Lazarett im Evangelischen Vereinshaus.

An der Front und im Lazarett.
Kriegseinsätze der Pfarrer

Die deutsche Kriegserklärung an Russland am 1. August 1914 machte Wiesbadens ausländische Kurgäste über Nacht zu Feinden. Sämtliche Ausländer mussten Hals über Kopf die Stadt verlassen. Kurverwaltung und Hotelbetreiber sahen darin den Todesstoß für den Fremdenverkehr. Doch der Gouverneur der Festung Mainz, General Hugo von Kathen, blieb hart. Binnen kurzer Zeit verwandelte sich Wiesbaden in eine Lazarettstadt. Man schmückte sich sogar mit dem makabren Titel „Weltlazarettstadt". Die Zahl der Kurgäste sank auf etwas mehr als ein Zehntel des Rekordjahres 1913, als noch 192.108 „Fremde" nach Wiesbaden gekommen waren.

Die Pfarrer betrieben Seelsorge in den Hotels und Schulen, auch im Evangelischen Vereinshaus in der Platter Straße, in denen die Verletzten versorgt wurden. Von der Ringkirchengemeinde waren die Pfarrer Dr. Dr. Heinrich Schlosser und August Merz im Einsatz. Tägliche „Kriegsgebetsstunden" für alle Gemeinden fanden in der Ringkirche statt. Die Gottesdienste waren zunächst überfüllt. Der Gemeindehelfer Hermann Bohr wurde nach seiner „Notheirat" eingezogen. Tage später war er tot. Auch zwei Söhne des Küsters Heinrich Leonhardt sind in den letzten Kriegstagen 1918 gefallen.

Zum Pfingstgottesdienst 1917 läuteten zum letzten Mal die zwei großen Glocken. Sie wurden noch im Turm zerschlagen, später eingeschmolzen und zu Munition verarbeitet. Gleichzeitig musste die Gemeinde Zinnpfeifen der Orgel abliefern, ausgerechnet Pfeifen des Prinzipalregisters. Die kleine Bronzeglocke wurde später, als neue Glocken angeschafft wurden, verkauft.

Kampf an vielen Fronten.
Schützengräben und Krankheiten

Von 1914 an waren auch Frauen der Gemeinde in den Lazaretten im Einsatz. Der Jungfrauenverein strickte Strümpfe, Leibbinden und Kopfschützer. Auch für den „Eisernen Siegfried" sammelten die Ringkirchenfrauen fleißig. Der Siegfried war

60.000 Nägel eingeschlagen: der Eiserne Siegfried mit Honoratioren.

eine hölzerne Figur des Wiesbadener Bildhauers Willi Bierbrauer. Den Namen gaben ihm 60.000 Nägel, die man in drei verschiedenen Metallsorten und Preisklassen einschlagen konnte. Mit dem „Siegfried" sammelte Wiesbaden Geld, um Kriegerwitwen und Waisen zu unterstützen.

Die Pfarrer Karl Lieber und Julius Risch gründeten einen Christlichen Verein junger Mädchen, den späteren Jungfrauen-Missionsverein. Dieser fertigte Handarbeiten an, die man zugunsten der Basler Mission verkaufte. Die vom schwäbischen Pietismus geprägte Organisation war seit Jahrzehnten in Afrika aktiv.

Die Jünglingsvereine hörten bald auf zu existieren, als immer mehr junge Männer zum Militär einberufen wurden. Drei Helfer der Kindergottesdienste „starben den Heldentod" in den Schützengräben, wie Pfarrer Heinrich Schlosser in seiner Chronik 1919 vermerkte. Immerhin konnte der Ring- und Lutherkirchenchor weiterarbeiten, auch wenn mehrere Tenöre und Bässe schon im August 1914 an die Front ausgerückt waren. Zum 400. Reformationsjubiläum 1917 führte der Chor Bachkantaten auf. Zwei Diakonissen der Schwesternstation wurden in ein Feldlazarett abkommandiert. Die Verbliebenen waren verstärkt im Kampf gegen Ruhr und Grippe im Einsatz. Zu einem Mütterabend trafen sich zeitweise bis zu 90 „Kriegerfrauen" in einem Saal am Elsässer Platz. Pfarrer August Merz kümmerte sich um die „Verbreitung vaterländischer und christlicher Flugblätter". Die Verbindung zu den Soldaten an der Front hielt man durch den monatlich erscheinenden „Kirchenboten für die evangelischen Gemeinden Wiesbadens" aufrecht.

Das Jahr 1917 war eine zweifache Zäsur: Die Vereinigten Staaten traten in den Krieg ein, in Russland rissen im (julianischen) Oktober die Bolschewiken die Macht an sich. In dieser Lage war – trotz deutscher Siege im Osten – der Krieg für die Mittelmächte nicht mehr zu gewinnen.

Ein Wiesbadener Dichter-Pfarrer.
Fritz Philippi

Ringkirchenpfarrer Fritz Philippi (1869 – 1933) war eine der auffälligsten Pfarrerpersönlichkeiten Wiesbadens. Er veröffentlichte patriotische Gedichte und Geschichten, hinterließ allein 17 Romane und Erzählbände, publizierte Feldpredigten. Der gebürtige Wiesbadener wurde 1910 an die Ringkirche berufen. Sein späterer Nachfolger, Ringkirchenpfarrer Ralf-Andreas Gmelin, hat Philippi in einer historischen Abhandlung ein kritisches Denkmal gesetzt.

Philippi schrieb:
[...]
Die Erde muß drob erzittern.
Die Länder müssen schrei'n.
Die Gewalten geraten in Aufruhr.
Die alte Zeit stürzt ein.

Die Welt, da beengt im Winkel
Der deutsche Gedanke saß:
Jetzt wird die Welt gemessen,
Der Rock nach deutschem Maß.

Soweit unsre Schwerter blitzen,
soweit fließt deutsches Blut,
wird künftig der Erdkreis gegeben
in deutscher Arbeit Hut
[...]

Ein Wiesbadener Dichter-Pfarrer: Fritz Philippi.

Philippis akademischer Lehrer, der liberale Theologe Adolf von Harnack, war Kaiser Wilhelms II. Stichwortgeber für dessen Balkonrede im Berliner Stadtschloss im August 1914, als Seine Majestät ausrief: „Ich kenne keine Parteien mehr, ich kenne nur noch Deutsche." Das war der Burgfriede mit der SPD. Harnack spürte früh, dass der Krieg nicht zu gewinnen war. Philippi nicht. In Kampfpausen hielt er feurige patriotische Kriegspredigten, während der Kämpfe schleppte er schwerverletzte Soldaten aus den Schützengräben an die Verbandsplätze. Noch 1918 wird Philippi nicht begreifen, dass Deutschland den Krieg verloren hat. Das Ende des Kaiserreichs hat er bis zu seinem frühen Tod 1933 nicht verwunden.

Feldpfarrer während des Ersten Weltkriegs war auch Ringkirchenpfarrern Karl Veidt (1879 – 1946). Er sollte aber erst nach seiner Wiesbadener Zeit (1912 – 1918), als Pfarrer an der Frankfurter Paulskirche, Furore machen.

Vom Antisemiten zum „Bekennenden".
Pfarrer Karl Veidt

Pfarrer Karl Veidt war von der extrem antisemitischen Christlich-Sozialen Bewegung des Hofpredigers Adolf Stoecker geprägt, die gegen den „verjudeten" Großkapitalismus und die „verjudete" Linke zu Felde zog. 1918 trat Veidt in die rechtskonservative Deutschnationale Volkspartei (DNVP) ein, eine Partei, mit der viele Repräsentanten der evangelischen Kirche sympathisierten. Veidt vertrat sie in der Weimarer Nationalversammlung, 1926 bis 1929 war er Professor am Predigerseminar in Herborn. In der NS-Zeit näherte er sich der Bekennenden Kirche an und geriet dabei in Streit mit NS-Landesbischof Dr. Ernst Ludwig Dietrich. Von 1934 an war Veidt Vorsitzender des Landesbruderrates Nassau-Hessen und wurde zu einer der Hauptfiguren des Kirchenkampfes in Frankfurt.

III. Ohne den Kaiser. Die Weimarer Republik

Mit demokratischer Verfassung. Das Ende des Staatskirchentums

Die Novemberrevolution 1918 war ein Bruch auf allen gesellschaftlichen Ebenen. Am 4. November meuterten die Matrosen in Kiel, am 9. November rief der Sozialdemokrat Philipp Scheidemann in Berlin die Republik aus. Am selben Tag wählte auch Wiesbaden einen Arbeiter- und Soldatenrat. Er tagte im Stadtschloss, kurz zuvor noch die Mai-Residenz des deutschen Kaisers. Reichskanzler Prinz Max von Baden verkündete die Abdankung Wilhelms II. und übertrug sein Amt dem Sozialdemokraten Friedrich Ebert. Der Kaiser entzog sich der Verantwortung durch die Flucht nach Holland. Die deutschen Monarchien stürzten ein wie Kartenhäuser. Im Dezember 1918 rückte das 30. Korps der französischen Armee in Wiesbaden ein. Wiesbaden war jetzt Brückenkopf des besetzten Rheinlandes. Zum nächtlichen Ausgang und zum Telefonieren mussten die Pfarrer wie andere Wiesbadener auch eine Genehmigung einholen.

Die Bilanz des Krieges: zehn Millionen Tote, Soldaten, Zivilisten, Krankenschwestern, Bombenopfer, davon zwei Millionen Deutsche und 1,1 Millionen Kriegsinvaliden. Der Friedensvertrag von Versailles im Juni 1919, der Gebietsabtretungen und hohe Reparationen festlegte, wurde – zusammen mit der Dolchstoßlüge – zur drückenden Bürde für die junge Republik.

Mit dem Ende des Kaiserreichs war der deutsche Protestantismus seines Selbstverständnisses als staatstragende Konfession beraubt und in eine tiefe Krise gestürzt, das Bündnis von Thron und Altar zerbrochen. Das bedeutete auch einen Statusverlust für die evangelische Pfarrerschaft. Kein König mehr als Summus Episcopus. Seine Rechte gingen auf einen evangelischen Staatsminister über, später auf den Landeskirchentag. Die Wei-

Novemberrevolution in Wiesbaden: Im Stadtschloss richtete der Arbeiter- und Soldatenrat sein Büro ein.

marer Verfassung von 1919 beendete das Staatskirchentum. Zumindest de jure. Der Kirchentag in Dresden beschäftigte sich im September 1919 mit der Neuordnung, voller Unbehagen gegenüber der Republik, dem Kaiser nachtrauernd. Viele Protestanten misstrauten der „religionslosen" Republik.

Aus dem Königlichen Konsistorium wurde das Evangelische Konsistorium zu Wiesbaden, 1925 das Evangelische Landeskirchenamt. Der Artikel 137 der Weimarer Verfassung legte fest: „Es besteht keine Staatskirche." Doch der 1949 ins Grundgesetz übernommene Artikel 138, nach dem die Staatsleistungen an die Kirchen abgelöst werden sollten, ist bis auf den heutigen Tag nicht erfüllt. Zum Teil handelt es sich noch um Entschädigungen für die im Reichsdeputationshauptschluss von 1803 enteigneten rechtsrheinischen Kirchengüter.

Schroff ablehnende Pfarrer. In einer Republik voller Ballast

Gegenüber der Republik von Weimar verhielt sich die überwältigende Mehrheit der evangelischen Pfarrer und Amtsträger reserviert bis schroff ablehnend. Die meisten waren nationalkonservativ, nicht wenige sahen in der Demokratie ein Produkt des „internationalen Marxismus". Die junge Republik war voller Widersprüche und Spannungen, von der extremen Linken wie der extremen Rechten bekämpft.

Die französischen Besatzer führten ein knallhartes Regiment. Sie drangsalierten die Wiesbadener mit Pressezensur und Telefonierverbot, Ausgangssperren und Ausweisungen, Grußpflicht gegenüber Franzosen und Platzmachen auf dem Bürgersteig. Aus fadenscheinigen Gründen haben sie Wiesbadens Oberbürgermeister Karl Glässing ausgewiesen.

Er hat das Kaiserreich überlebt: der Reichsadler an einem Wappenstein.

Knallhartes Regiment: das Hauptquartier der Franzosen im Stadtschloss.

1918/19 „war das wohl schwerste Jahr", stellte die Kreissynode fest. Den Druck des Synodenberichts musste sich Dekan Veesenmeyer vom Administrateur du Cercle de Wiesbaden ville (Administrator des Kreises Wiesbaden) genehmigen lassen. Unweit der Ringkirche ließ die Stadt 1920/21 den Block zwischen Klarenthaler, Goeben- und Scharnhorststraße für die Angehörigen der französischen Armee, die sogenannten Franzosenhäuser, bauen. 1922 schlossen sich die 28 evangelischen Landeskirchen zum Deutschen Evangelischen Kirchenbund (DEK) zusammen.

Glocken aus Bochum. Diesmal aus Gussstahl

Es war ein Lichtblick, als man 1919 zum 25. Jubiläum der Ringkirche bei den Bochumer Gussstahlwerken drei neue, mit Spenden finanzierte Glocken bestellte. In den Tönen gis, h und d. Mit einem „erhebenden Fest" hat man sie 1920 eingeweiht. In einem feierlichen Zug, von Choralmusik begleitet, rollten die Glocken auf einem Wagen vom Güterbahnhof West zur Ringkirche. „Lobe den Herren" sang der Chor auf dem Weg. Vor der Ringkirche führte er, von Posaunen begleitet, Beethovens „Die Himmel rühmen des Ewigen Ehre" auf. Dann fuhren die Glocken mit einem Flaschenzug nach oben. Beinahe hätte man vergessen, eine Genehmigung bei den Franzosen einzuholen. Sie kam gerade noch rechtzeitig. Gussstahl hatte man gewählt, weil er preiswerter, aber auch weil er, anders als Bronze, zum Einschmelzen ungeeignet war. Ahnte man den nächsten Waffengang voraus? Als 1940 eine „große Metallsammlung zum Geburtstag des Führers" stattfand, blieben die Ringkirchenglocken verschont. Aber alle Jahre wieder läuteten sie an Hitlers Geburtstag. 1921 löste elektrisches Licht die Gasbeleuchtung ab.

Für die Besatzer erbaut: die Franzosenhäuser in der Klarenthaler Straße.

Glocken aus Bochum: diesmal aus Gussstahl.

Wie weh die Wunden des Ersten Weltkriegs noch taten, geht aus einer Predigt hervor, die Pfarrer Philippi 1924 gehalten hat. 18 seiner Konfirmanden des Jahrgangs 1910 hatten keinen Vater mehr, dreien fehlte die Mutter, zwei waren Vollwaisen.

Bei der Trauerfeier für Dekan Karl Bickel traten 1926 in der Marktkirche der Ring-, Berg- und Marktkirchenchor gemeinsam auf. Der Ringkirchenchor wirkte auch mit, als Dekan Emil Veesenmeyer in der Bergkirche in den Ruhestand verabschiedet wurde.

Das Krisenjahr 1923.
Ruhrkampf, Putsche und Exekutiven

1923 ist das große Krisenjahr der jungen Republik. Im Januar besetzen die Franzosen und Belgier das Ruhrgebiet. Im Oktober bilden sich in Sachsen und Thüringen Volksfrontregierungen aus SPD und KPD. Reichspräsident Friedrich Ebert leitet Reichsexekutionen ein. Die sächsische SPD/KPD-Regierung wird abgesetzt, ebenso die thüringische. In Aachen rufen Separatisten eine unabhängige Rheinische Republik aus. In Wiesbaden besetzen Separatisten Teile des Rathauses, können sich mit Hilfe der Franzosen aber nur kurze Zeit behaupten. Im November versuchen Adolf Hitler und Erich Ludendorff in München nach dem Vorbild von

Immer Ärger mit den Briten: auf dem Weg zum sonntäglichen Militärgottesdienst.

Mussolinis Marsch auf Rom, die Macht an sich zu reißen. Der Putschversuch wird blutig niedergeschlagen.

Die Gelddruckmaschinen rasen auf Hochtouren. Im Oktober 1923 erhält ein Ringkirchenpfarrer astronomische 100.793 Billionen Mark Gehalt, Ende November 586.653 Billionen. Mit ihnen kann er aber schon im Dezember nichts mehr kaufen. Im Januar 1924, nach der Währungsreform, sind es 243,90 Rentenmark.

Immer Ärger mit den Briten.
Ein Ziegenbock und klingendes Spiel

Mit der Ringkirchengemeinde gingen die Franzosen vergleichsweise milde um. Die meisten waren ohnehin katholisch. Anders gestaltete sich das Verhältnis zu den Briten. Sie lösten 1925 die Franzosen ab, beschlagnahmten die Ringkirche und nutzten sie für ihre Militärgottesdienste. Die Gemeinde blieb für die Reinigung zuständig, wofür sie vom städtischen Besatzungsamt mit Geldern aus der Reichskasse entschädigt wurde.

Wiesbadener Promeniermeile: die Rheinstraße 1927.

Auch die Oranier-Gedächtniskirche in Biebrich und die Lutherkirche nahmen die Briten in Beschlag. Regelmäßig holte eine Regimentskapelle die Besucher zu den Gottesdiensten in der Ringkirche ab. Die uniformierten Musiker marschierten mit klingendem Spiel über den Kaiser-Friedrich-Ring. Zum Leid und Verdruss der Wiesbadener, vor allem der Ringkirchengemeinde. Die war verärgert, weil die Besatzer während ihrer Paradegottesdienste den Verkehr rund um die Ringkirche stilllegen ließen. Verdruss auch dadurch, dass bei den kurzen Gottesdienstzeiten, die der Ringkirchengemeinde zugestanden wurden, kaum Zeit für das Abendmahl blieb. Am Karfreitag 1926 mussten über 500 Gottesdienstbesucher ohne Abendmahl nach Hause gehen. Ringkirchenpfarrer und Landeskirchenrat Fritz Philippi meldete es verbittert dem „Herrn Reichskommissar" in Koblenz. Am „deutsch-evangelischen Totensonntag", klagte Philippi, spielten drei Militärmusikkorps zum englischen Gottesdienst. Ohne Respekt vor der gebotenen Ruhe. Der Pfarrer weiter: „Wir lernten die Engländer in ihrem Auftreten kennen als das auserwählte Volk. Wir Deutsche waren in unserer Kirche nur noch geduldet und führten ein Winkeldasein [...]." Durch Biebrich zogen die Briten sonntags mit ihrem Maskottchen, einem Ziegenbock.

Notkirche als Rettung.
1931 waren die Besatzer weg

Rettung aus dieser üblen Situation erwartete man vom Neubau eines Gemeindehauses am Elsässer Platz, das man als Notkirche nutzen wollte. Der Reichsminister für die besetzten Gebiete bewilligte ein Darlehen, ein weiteres die Nassauische Landesbank.

Oktober 1928: Grundsteinlegung mit Bischof August Kortheuer.

Gebaut wurde die Notkirche in dem Mietshauskomplex zwischen Steinmetz- und Manteuffelstraße; heute ist es das Stephanuszentrum. Von außen ist das Gebäude als Kirche kaum erkennbar, auch wenn ein kubischer Mittelrisalit aus dem Komplex hervorragt. Von 1928 bis 1931 dauerten die Bauarbeiten. Das zweigeschossige Gemeindehaus besteht aus einem Kirchenraum, zwei Konfirmandenräumen, einer Schwestern- und einer Pfarrerwohnung.

Der Grundriss des Kirchenraums ist eine Parabel, an deren Schmalseite sich eine geschwungene Empore befindet. Im Innenhof befindet sich der neue Kindergarten. Architekt war der Vorsitzende des Ringkirchenvorstands Fritz Hildner. 400.000 Reichsmark waren veranschlagt, am Ende kostete der Bau 668.500.

Ursprünglich eine Notkirche: St. Stephanus am Elsässer Platz, heute das Stephanuszentrum.

Als die Notkirche 1931 fertig war, hatte die britische Rheinarmee Deutschland schon wieder verlassen. Wiesbaden bejubelte den Abzug der Besatzungstruppen 1930 mit einer großen „Rheinlandbefreiungsfeier", zu der auch Reichspräsident Paul von Hindenburg nach Wiesbaden kam. Aus der Notkirche ging die Kreuzkirchengemeinde mit Pfarrer Walter Mulot hervor. Ihr wurde der nordwestliche Teil der Ringkirchengemeinde zugeschlagen.

1928 mussten „bedenkliche Risse" an der Kanzelwand der Ringkirche beseitigt werden. Eine Ursache des Schadens sah man im Autoverkehr, der über die damals mit Pflastersteinen belegte Ringstraße rollte.

IV. Die Ringkirche unterm Hakenkreuz

„Entjudung" als Programm.
Rassisten auf dem Vormarsch

Am 8. März 1933 wehte am Wiesbadener Rathaus die Hakenkreuzfahne, wenige Wochen später an der Marktkirche. Am Vorabend des „Tages der nationalen Arbeit", am 30. April, einem Sonntag, hielt Marktkirchenpfarrer Lic. Dr. Ernst Ludwig Dietrich auf dem Dernschen Gelände einen Feldgottesdienst für die SA und die Hitlerjugend. Seine Predigt stand ganz im Einklang mit der braunen Bewegung, als er die Eintracht der „Arbeiter des Kopfes und der Faust" beschwor. Mit dieser Predigt empfahl sich Dietrich den neuen Machthabern für höhere Weihen.

Eine große Mehrheit der evangelischen Pfarrer begrüßte am 30. Januar 1933 die Regierung. Darunter auch der später so entschiedene Hitler-Gegner und Nachkriegspazifist Martin Niemöller. Die Pfarrer bauten auf eine nationale und christliche Umkehr, auf „Volksmission" und einen neuen Bedeutungszuwachs der Kirche, wollten die Abkehr von der „gottlosen", von Liberalismus, Marxismus und der vermeintlich von jüdischem Einfluss geprägten Weimarer Republik.

Besonders die Pfarrer, die sich bei den Deutschen Christen (DC) organisierten, waren fasziniert von der nationalsozialistischen Ideologie der „Volksgemeinschaft". Das Diabolische an Hitler erkannten sie nicht. Oder wollten es nicht erkennen. Diese antijudaische und am „Führerprinzip" orientierte Richtung des deutschen Protestantismus hatte sich 1932 organisiert und die „Entjudung" der biblischen Botschaft zur Aufgabe gemacht. Ihre Richtlinien: „Wir sehen in Rasse, Volkstum und Nation uns von Gott geschenkte und anvertraute Lebensordnungen." Reichsweit zählten die Deutschen Christen nahezu eine Million Mitglieder, etwa ein Drittel der Pfarrerschaft gehörte ihnen an.

Der Arierparagraph in der Kirche.
Jüdische Mitarbeiter entlassen

Ein Nassauer Landeskirchentag beschloss am 12. September 1933 im Landeshaus am Kaiser-Friedrich-Ring (heute Hessisches Ministerium für Wirtschaft und Technik) auf Druck der neuen Machthaber die Fusion mit den Landeskir-

Widerrechtlich abgesetzt: der Nassauer Landesbischof August Kortheuer.

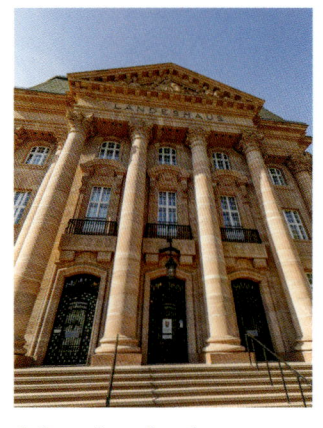

Schauplatz des „braunen Kirchentags": das Wiesbadener Landeshaus.

chen Hessen-Darmstadt und Frankfurt. Es war der von den Organisatoren selbst so genannte „braune Landeskirchentag". Der schickte unter dem Bruch des Kirchenrechts Bischof August Kortheuer in den Ruhestand und beschloss die Fusion mit Frankfurt und Darmstadt. Zeitgleich votierten Kirchentage in Darmstadt und Frankfurt für die Fusion der drei Landeskirchen. Jetzt war man die Evangelische Landeskirche Nassau und Hessen (EKNH). Noch im August hatte Kortheuer Ringkirchenpfarrer Wilhelm Merten in sein Amt eingeführt. Der Kirchentag setzte Marktkirchenpfarrer Dr. Ernst Ludwig Dietrich als Bevollmächtigten ein. Eine kirchenpolitische Revolution.

Von nun an galt auch in der EKNH der Arierparagraph. Pfarrer und höhere Kirchenbeamte wurden entlassen, wenn sie jüdische Eltern oder mindestens einen jüdischen Großelternteil hatten. Ihre Taufe war wertlos geworden.

Das Wiesbadener Landeshaus war bald eine Stätte noch gewaltigeren Unheils: Von 1939 bis 1945 beherbergte es die Verwaltungszentrale des nationalsozialistischen Programms zur Vernichtung „lebensunwerten Lebens". Allein in der Tötungsanstalt Hadamar wurden mindestens 14.494 Behinderte und psychisch Kranke ermordet, unter ihnen auch jüdische Mischlingskinder.

Ein Heißsporn an der Macht.
Synode für eine „arteigene Religion"

Eine „straffe Führung der Kirche im Gleichschritt mit den Gedanken des Führers", „heldische Frömmigkeit" und eine „arteigene Religion" wollten die neuen Synodalen. Eine „Synthese von Glaube und Volkstum" sollte es sein. Pfarrer Dietrich beschwor gleichzeitig die „furchtbare Gefahr des internationalen Judentums". Mit seiner Bevollmächtigung waren alle Befugnisse in die Hand dieses 36-jährigen selbstherrlich-autoritären Pfarrers gelegt, eines nationalsozialistischen Heißsporns.

Auch die evangelischen Kirchenchöre wurden vom braunen Ungeist erfasst. Im Festgottesdienst zum 50-jährigen Bestehen des Idsteiner Kirchenchors in der Unionskirche im September 1933 erklang „das neue deutsche Lied": „Wach auf, du deutsches Land!" Dazu die Nationalhymne und das Horst-Wessel-Lied, die Parteihymne der NSDAP. In der Chronik des Ringkirchenchors, der in Idstein mit dabei war, wird stolz vermerkt, dass die Sänger immer „bereitwillig zur Stelle waren, wenn der Führer rief".

Höhere Weihen.
Bischof nach dem „Führerprinzip"

Im Februar 1934 ernannte Reichsbischof Ludwig Müller Ernst Ludwig Dietrich zum Bischof der neuen Landeskirche, „kraft des mir in Gnaden verliehenen Führeramtes der Deutschen Evangelischen Kirche (DEK) und meines in der Verfassung der Evangelischen Landeskirche Nassau-Hessen begründeten Rechtes". Das „Führerprinzip" der DEK war für Dietrich ein „eminent reformatorisches Prinzip", mit dem Hitler Deutschland vor dem Bolschewismus retten sollte. Dietrich war auf Betreiben von NS-Gauleiter Jakob Sprenger – in Absprache mit dem preußischen Ministerpräsidenten Hermann Göring (NSDAP) – ins Amt gehievt worden. Dietrich stand den Deutschen Christen nahe, Mitglied war er nicht. Eine ordentliche synodale Wahl hatte es gar nicht mehr gegeben. Im April trat die Landessynode ihre Gesetzgebungsrechte an die Reichskirche ab.

Fanatisch für den „Führer": Marktkirchenpfarrer Dr. Ernst Ludwig Dietrich.

Im April 1934 wurde Dietrich in der Marktkirche vom Reichsbischof feierlich ins Amt eingeführt. SA-Leute in Uniform standen mit Hakenkreuzfahnen vor dem Rathaus, als die Kirchenprominenz sich ins Goldene Buch der Stadt eintrug. Auf der Marktkirchentreppe stand die SA Spalier. An der pomphaften Feier wirkte auch der Ringkirchenchor mit. In seiner Chronik steht: „Unter feierlichem Glockenläuten begab sich der Reichsbischof, gefolgt von den anderen Landesbischöfen, den Geistlichen und Ehrengästen zum Altar."

Dort hängte Müller Dietrich das goldene Bischofskreuz um den Hals. Bei der anschließenden Kundgebung im Paulinenschlösschen donnerte Kreuzkirchenpfarrer Walter Mulot, seit Januar 1934 Dekan, ein dreifaches „Sieg-Heil" auf den Führer in den Saal, stimmte anschließend das Horst-Wessel-Lied an. Im Juni wurde Mulot zum ersten Pfarrer der Ringkirche ernannt.

Bischofssitz der neuen Landeskirche war jetzt Darmstadt, die Hauptstadt des früheren Großherzogtums Hessen, seit 1918 des Volksstaates Hessen, zu dem auch Rheinhessen mit Mainz und Worms gehörte. Die Fusion der drei Landeskirchen war aber schon Mitte der 20er Jahre erwogen worden.

„Er ist uns von Gott geschenkt", frohlockte Bischof Dietrich über Hitler wenige Tage nach dem so genannten Röhm-Putsch, bei dem SA-Führer Ernst Röhm und andere bei Hitler in Ungnade gefallene NS-Funktionäre ermordet wurden. Die „Ereignisse" des 30. Juni 1934, schrieb Dietrich in einem Rundbrief, hätten „selbst den Blinden die Augen geöffnet" und die „einzigartige Größe des Führers offenbart". Damit befand er sich ganz im Einklang mit dem Staatsrechtler Carl Schmitt, der die Hinrichtungen in seiner Schrift „Der Führer schützt das Recht" juristisch legitimierte.

Welch ein Kontrast dazu der Theologe Dietrich Bonhoeffer (1906 – 1945). Er hatte schon im Sommer 1932 erkannt: „Wenn Hitler an die Macht kommt, dann ist das ein Unglück, nicht nur für Deutschland, sondern für Europa." Und der SPD-Reichstagsabgeordnete Kurt Schumacher sagte 1932 im Reichstag: „Die ganze nationalsozialistische Agitation ist ein dauernder Appell an den inneren Schweinehund im Menschen." In diesem Jahr erreichte die Arbeitslosigkeit in Deutschland mit sechs Millionen ihren Höchststand.

SA-Spalier an der Marktkirchentreppe: links Reichsbischof Müller, daneben Bischof Dietrich.

Im August 1934 gedachte man in der Ringkirche der 20. Wiederkehr des Kriegsbeginns. Auch ein Gedächtnisgottesdienst für den verstorbenen Reichspräsidenten Generalfeldmarschall Paul von Hindenburg fand statt. 1935 feierte man einen Dankgottesdienst zur Heimkehr des Saargebiets. Fester Bestandteil im Jahreszyklus war auch ein Gottesdienst zum Heldengedenktag am 17. März.

Brauner Kirchenvorstand.
Nach einer Scheinwahl

Immer wieder musste in Nassau-Hessen ein Gottesdienst unterbrochen werden, weil ein Pfarrer verhaftet wurde. Stramm auf NS-Linie war dagegen Dekan Walter Mulot, zuerst Kreuz-, dann Ringkirchenpfarrer. Sein Vorgänger, Dekan Karl Schmidt, 1927 bis 1930 ebenfalls Pfarrer an der Ringkirche, wurde beurlaubt.

1934 zum Dekan ernannt: Ringkirchenpfarrer Walter Mulot (Foto aus dem Jahr 1957).

Im Auftrag der NSDAP ließ sich der Jurist Paul Kipper 1933 über die Einheitsliste „Christentum und Volkstum" zum Vorsteher der Ringkirchengemeinde wählen. Eine Scheinwahl. Wer auf die Liste kam, bestimmte die NSDAP: lauter DC-Leute, NSDAP-Mitglieder und Sympathisanten. Auf diese Weise gelangten sogar zwei Katholiken in den Ringkirchenvorstand. Bischof Dietrich berief Kipper anschließend in die Kirchenleitung.

Dietrich ernannte Ringkirchenpfarrer Heinrich Peter 1934 zum Propst für Süd-Nassau und führte ihn in der Frankfurter Katharinenkirche ins Amt ein. Peter wollte die sich befehdenden Flügel der Kirche zusammenführen, erkannte aber bald, dass das nicht ging, dass der Weg der Deutschen Christen „direkt vom Christentum wegführt zu einem neuen Heidentum, da sich der Mensch zum Gott macht". Peter trat zurück und verlor damit auch sein Pfarramt an der Ringkirche.

Mit brutaler Hand.
Kleinkrieg mit Pfarrern

Ernst Ludwig Dietrich führte sein Bischofsamt mit brutaler Hand. Wiesbadener Pfarrer, die den Reichsbischof vor Dietrich gewarnt hatten, versetzte er zur Strafe aufs Land: Marktkirchenpfarrer Walter Herrich nach Maar im Vogelsberg, Bergkirchenpfarrer Ludwig Anthes nach Groß-Rohrheim im Ried, den Dekan und ehemaligen Ringkirchenpfarrer Karl Schmidt nach Alzey. Schmidt war 1931 in die NSDAP eingetreten, wurde Gauleiter der Deutschen Christen für Südnassau. Doch die rigi-

Regierte mit brutaler Hand: Bischof Ernst-Ludwig Dietrich.

den Methoden der DC beim „braunen Kirchentag" empörten ihn. Er trat wieder aus. Bischof Dietrich herrschte mit Rede- und Aufenthaltsverboten, Gehaltssperrungen und Ausweisungen. Seine Gegner diffamierte er als „theologische Idioten", Widerspruch betrachtete er als Meuterei. Mit opponierenden Pfarrern verzettelte er sich in Kleinkriegen, stellte Strafanträge wegen Beleidigung und setzte sich so immer wieder Rücktrittsforderungen von Bekenntnispfarrern aus. Besonders aggressiv agierte die Wiesbadener „Kampfstelle für Aufklärung". Ihr Leiter war Ringkirchenpfarrer Walter Mulot. Die Kampfstelle setzte den Heiligen Geist mit dem Geist der NS-Bewegung gleich und erkannte in dieser ein „Zeichen der Kraft Gottes". Im Rundschreiben Nr. 5 vom 18. März 1935 spottet Mulot über die Bekennenden: „[...] Wir bedanken uns für diese pharisäische Selbsttäuschung und den satanischen Dienst des Buchstabens."

Früh ein Bekennender: Ringkirchenpfarrer Wilhelm Hahn.

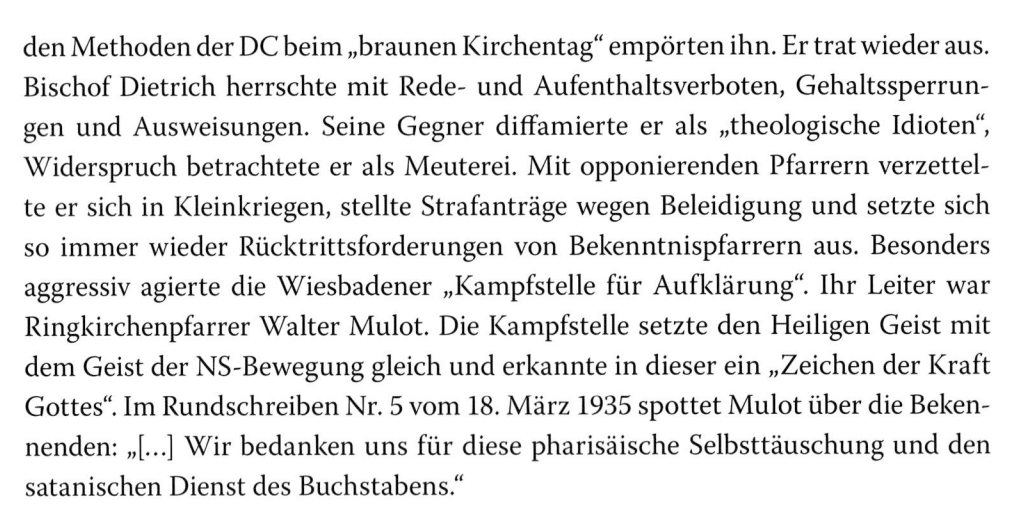

Fanatische Thüringer. „Entjudung" als Programm

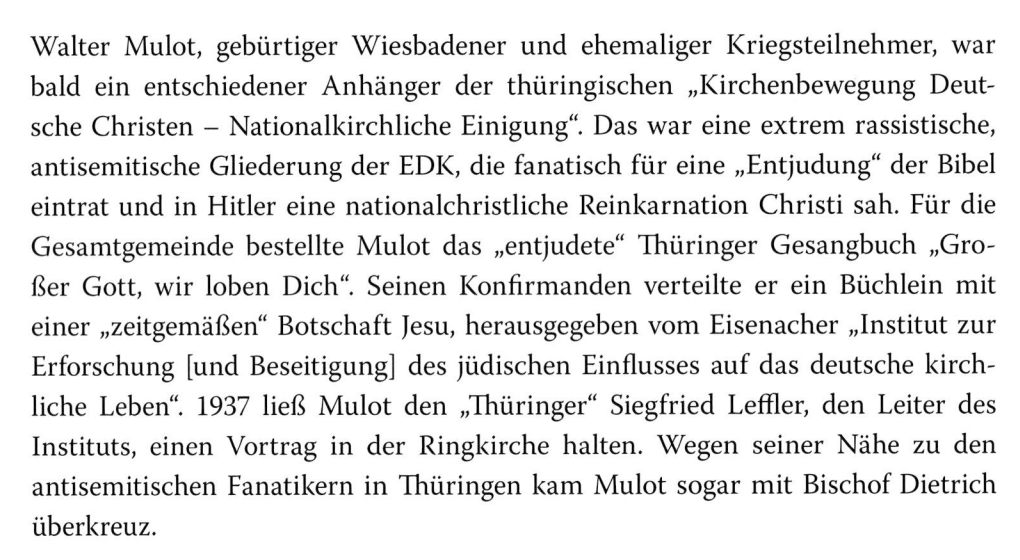

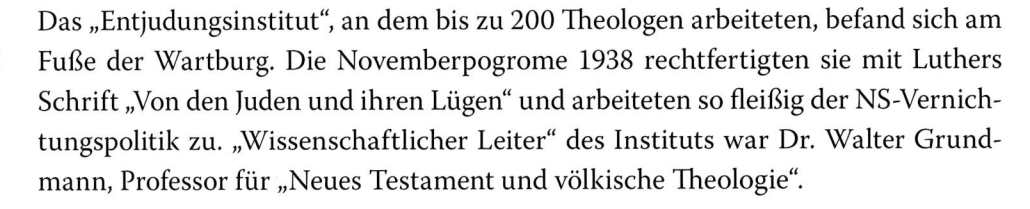

Walter Mulot, gebürtiger Wiesbadener und ehemaliger Kriegsteilnehmer, war bald ein entschiedener Anhänger der thüringischen „Kirchenbewegung Deutsche Christen – Nationalkirchliche Einigung". Das war eine extrem rassistische, antisemitische Gliederung der EDK, die fanatisch für eine „Entjudung" der Bibel eintrat und in Hitler eine nationalchristliche Reinkarnation Christi sah. Für die Gesamtgemeinde bestellte Mulot das „entjudete" Thüringer Gesangbuch „Großer Gott, wir loben Dich". Seinen Konfirmanden verteilte er ein Büchlein mit einer „zeitgemäßen" Botschaft Jesu, herausgegeben vom Eisenacher „Institut zur Erforschung [und Beseitigung] des jüdischen Einflusses auf das deutsche kirchliche Leben". 1937 ließ Mulot den „Thüringer" Siegfried Leffler, den Leiter des Instituts, einen Vortrag in der Ringkirche halten. Wegen seiner Nähe zu den antisemitischen Fanatikern in Thüringen kam Mulot sogar mit Bischof Dietrich überkreuz.

Später Vorsitzender des Landesbruderrats: Marktkirchenpfarrer Julius Rumpf.

Das „Entjudungsinstitut", an dem bis zu 200 Theologen arbeiteten, befand sich am Fuße der Wartburg. Die Novemberpogrome 1938 rechtfertigten sie mit Luthers Schrift „Von den Juden und ihren Lügen" und arbeiteten so fleißig der NS-Vernichtungspolitik zu. „Wissenschaftlicher Leiter" des Instituts war Dr. Walter Grundmann, Professor für „Neues Testament und völkische Theologie".

Nach dem Ende der NS-Herrschaft konnten diese Wissenschaftler ihren Pfarrdienst unbehelligt fortsetzen. Jahrzehntelang hatten weder die Kirche in der DDR noch die im Westen ein Interesse, die braune Vergangenheit aufzuarbeiten.

Besinnung auf Christus.
Die Barmer Opposition gegen die DC

Als Reaktion auf die erzwungene Gleichschaltung der evangelischen Kirche im Deutschen Reich, vor allem in Opposition gegen den Arierparagraphen, gründeten im Herbst 1933 Berliner Pfarrer, unter ihnen Dietrich Bonhoeffer und Martin Niemöller, den Pfarrernotbund. Im Mai 1934 beschloss eine Synode in Wuppertal-Barmen die Barmer Theologische Erklärung. Sie war von Karl Barth vorformuliert worden und bildete das geistliche Fundament der aus dem Pfarrernotbund hervorgegangenen Bekennenden Kirche (BK) mit dem Credo: Christus allein ist der Grund des Glaubens.

Auch in Wiesbaden formierte sich ein Pfarrernotbund. Und eine Bekennende Kirche, die bald mehrere tausend Mitglieder zählte. Ihr geistliches Zentrum war die Bergkirchengemeinde, ihr operativer Stützpunkt das Büro im Christlichen Hospiz, eine Herberge in der Platter Straße 2, heute das Hotel „Oranien". An der Ringkirche war Wilhelm Merten einer der ersten, die sich dem Pfarrernotbund anschlossen. Bald trat ihm auch sein Kollege Wilhelm Hahn bei. In der Marktkirchengemeinde verfocht Pfarrer Julius Rumpf die Positionen der Bekennenden.

Umkämpfte Ringkirchengemeinde.
Dekan kontra Pfarrer

Wilhelm Hahn pflegte engen Kontakt mit der Bergkirchengemeinde. Deren Notar Dr. Hans Buttersack († 1945 im KZ Dachau) vertraute er das Protokollbuch der Ringkirchengemeinde an. Mulot setzte Hahn als geschäftsführenden Pfarrer und Kindergarten-Verantwortlichen ab. Hahn widersetzte sich. Die Kirchenvorsteher Hahn, Merten und Zipp erkannten die Einberufung des Kirchenvorstands durch Mulot nie an. Als Mulot die Polizei bei Hahn vorbeischickte, weigerte der sich, Akten herauszugeben.

Organisatorisch unterstellten sich die BK-Pfarrer dem Landesbruderrat in Frankfurt, dessen Vorsitzende später Karl Veidt und Julius Rumpf waren. Ihr Gehalt bezogen die Bekennenden aus Spenden und Kollekten. Mehrfach ließ Mulot Kollekten mit Hilfe der Polizei beschlagnahmen, auch solche, die für im KZ internierte Pfarrer bestimmt waren.

Es dauerte nicht lange, bis Bischof Dietrich die Zugehörigkeit zum Pfarrernotbund und zur Pfarrerbruderschaft verbot. Der Protestantismus war – in Wiesbaden wie im ganzen Reich – tief gespalten. Dabei war die Mitgliedschaft zur Bekennenden Kirche keineswegs zwangsläufig mit Widerstand gegen das NS-Regime verbunden. Im Gegenteil: Die BK und ihre Organe haben die Legitimität des Hitler-Staates im Prinzip nie bestritten. Beide, Deutsche Christen wie Bekennende Kirche, waren alles andere als homogen, die BK weniger eine Widerstandgruppe als eine Notgemeinschaft zur Abwehr staatlichen, sprich nationalsozialistischen Einflusses auf die Kirche.

Kirchenpolitik mit dem Brecheisen. Hausfriedensbruch in Dotzheim

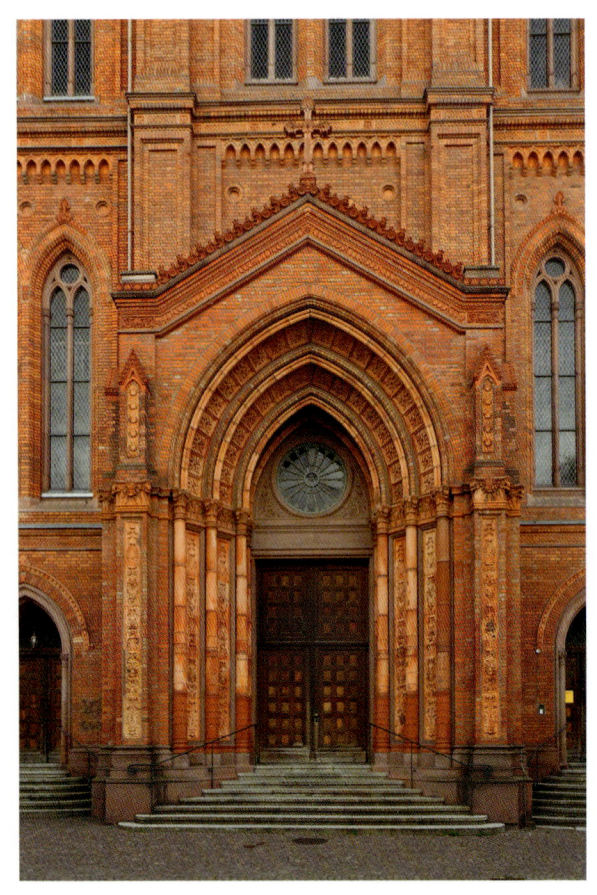

1934 für Bekennende verriegelt: das Portal der Marktkirche.

Auch in der Gemeinde in Wiesbaden-Dotzheim griff Dekan Mulot brutal durch. 1936 erschien er mit Ortsgruppenleiter Ludwig Kersting im Pfarrhaus, als nur die Frau des Pfarrers Hermann Romberg daheim war. Mit einem Dietrich und einem Brecheisen brachen sie die Haustür und die Tür zum Arbeitszimmer des Pfarrers auf, nahmen Arbeitsunterlagen und Stempel mit und sperrten die Kirche für die Bekenntnisgemeinde. Eine Klage gegen Mulot wegen Hausfriedensbruchs wurde zurückgewiesen. Der Dekan, hieß es, habe als Vorgesetzter in gutem Glauben gehandelt.

Zerrissene Christenheit. „Deutsche" gegen „Bekennende"

Elsässer Platz 1942: Aufmarsch der Hitler-Jugend.

Die Zerrissenheit der evangelischen Christen in Wiesbaden lässt sich an einer Begebenheit aufzeigen, von der die Diakonisse an der Lutherkirche Else Leber, Jahrgang 1915, berichtet. Zur Feier des Reformationstages am 4. November 1934 befand sie sich in der bis auf den letzten Platz besetzten Ringkirche, wo man auf den BK-Pfarrer Wilhelm Hahn wartete. Sollte der nicht predigen dürfen, hatten seine Anhänger vereinbart, würden sie die Ringkirche verlassen und über die Rheinstraße zur Marktkirche ziehen. Und so geschah es auch, als nach dem Glockengeläut der Vikar Kurt Kirmes in Begleitung eines Gestapo-Beamten erschien. Else Leber in ihrem 1989 geschriebenen Bericht: „Aber wir konnten dann auch nicht in die Marktkirche, denn sie war von innen vom damaligen Landesbischof Ernst Ludwig Dietrich verriegelt worden."

Kampf statt Gottvertrauen.
Lutherlied mit Horst Wessel

Dietrich-Biograf Dr. Hermann Otto Geißler ist sich sicher, dass es nicht Dietrich, sondern dessen Adlatus, der Marktkirchenpfarrer Willy Borngässer, war, der die Marktkirche verriegelt hatte. Wie auch immer, Bergkirchenpfarrer Franz von Bernus, Mitglied des Bruderrats, hielt auf dem Schloßplatz eine Ansprache und schickte die Versammelten nach Hause. Else Leber: „Daraufhin stimmte die Gemeinde spontan den Choral ‚Ein' feste Burg ist unser Gott' an. Als das Lied verklungen war – es hallte durch die ganze Stadt – gingen wir traurig nach Hause."

Das Lutherlied „Ein' feste Burg" war auch ein Lieblingslied der Deutschen Christen. Für Martin Luther war es der Ausdruck unbedingten Gottvertrauens. Mit seiner „guten Wehr und Waffen" wurde es zum Kampf- und Kriegslied umgedeutet. Nach dem Deutsch-Französischen Krieg 1870/71 war es zu einem nationalistischen Triumphlied pervertiert. Die Deutschen Christen sangen es zusammen mit dem Horst-Wessel-Lied, der Hymne auf den „Märtyrer" der NS-Bewegung.

Reichsbischof abgesetzt.
Ein NSDAP-Minister übernimmt

1935 begann Ernst Ludwig Dietrichs nationalsozialistisches Fundament zu bröckeln. Der Prozess erfolgte im Zuge seiner Entmachtung als Landesbischof. Weil es nicht gelungen war, den Widerstand zu brechen und den innerkirchlichen Zwist zu beenden, hatte man in Berlin Reichsbischof Müller abgesetzt und seine Kompetenzen einem Reichsminister für die Kirchlichen Angelegenheiten, Hans Kerrl, übertragen. Reichsinnenminister Wilhelm Frick (NSDAP) hatte es schon im Dezem-

Niemöller in Wiesbaden: „Zur kirchlichen Lage".

ber 1934 in seiner „Wiesbadener Rede" betont, worum es der Regierung ging: „Das deutsche Volk hat diesen Kirchenstreit satt. Es hat gar kein Interesse am Zank der Pastoren." Der Präsident der Landeskirchenkanzlei Paul Kipper übernahm, von Berlin gesteuert, als Präsident der Landeskirchenkanzlei 1935 in Nassau-Hessen die Macht. Er behielt sie bis 1945.

Offenbar waren viele gewöhnliche Kirchgänger das theologische Hickhack unter den Pfarrern und höheren Würdenträgern leid. Der Nauroder Heimatdichter Rudolf Dietz, Mitglied der NSDAP und des antisemitischen Deutschbundes, reimte dazu:

*Da schlag' der Blitz und Donner drein,
Ihr macht kaputt uns seelisch;
Wir wollen weiter gar nichts sein
Als gut deutsch-evangelisch.*

Gestörtes Recht.
BK-Pfarrer gegen Dekan Mulot

Die Wiesbadener Kirchenkämpfe trieben einem neuen Höhepunkt zu, als im Gemeindesaal der Bergkirche Mitglieder der Thüringer Deutschen Christen tagten. Pfarrverwalter Otto Brück hatte das Treffen arrangiert, ohne die Bergkirchenpfarrer zu informieren. Die legten umgehend Beschwerde beim Reichskirchenausschuss ein. Dekan Mulot beschied den protestierenden Pfarrern – recht herablassend –, dass die Thüringer doch „von echtem lebendigen Christusgeist getragen" seien.

1936 forderten neun Wiesbadener BK-Pfarrer die „Entbindung des Dekans Mulot" von seinen Amtsgeschäften und die „Entfernung des Pfr. Borngässer aus Wiesbaden, weil er durch sein Verhalten gegenüber den Amtsbrüdern das Ansehen der Kirche in der Öffentlichkeit herabgesetzt hat". Die BK-Pfarrer voller Bitterkeit: „Wohl an keinem Ort im NH [nassau-hessischen] Kirchengebiet ist die Rechtsordnung der Kirche dermaßen gestört worden wie gerade in Wiesbaden." Bis zur Entbindung Mulots von seinen kirchlichen Aufgaben wird es aber noch dauern. Erst 1945, nach dem Untergang des NS-Reiches, wird er vom Dienst suspendiert.

Historische Niemöller-Rede. Die Kirche, ein Trümmerfeld

Am 29. Juni 1937 sprach Pfarrer Martin Niemöller aus Berlin-Dahlem zweimal in der Wiesbadener Marktkirche „Zur kirchlichen Lage". Ein drittes Mal in der Ringkirche. Den Aufruf zum Besuch der Vorträge hatten die Ringkirchenpfarrer Wilhelm Hahn und Wilhelm Merten mit unterzeichnet.

1990 gewürdigt: Briefmarke mit Niemöller-Portrait.

Furchtlos prangerte Martin Niemöller die Missstände an und zog eine bittere Bilanz. Für das Reich zählte er auf: 25 Redeverbote, 28 Ausweisungen von Pfarrern, 104 Verhaftungen, davon 90 in den zurückliegenden Tagen, acht Verhaftungen allein in der Friedrichswerderschen Kirche in Berlin, wo der Reichsbruderrat getagt hatte. Niemöller: „Das ist die Lage der Kirche, die Objekt kirchenfremder Mächte geworden ist." Und weiter: „Wenn wir heute über die kirchliche Lage sprechen, stehen wir vor einem Trümmerfeld." Der Pastor sah aber auch einen Hoffnungsschimmer am Horizont: „Wenn die Bekennende Kirche unterdrückt wird, so wächst sie dennoch. Auch das ist die Herrlichkeit Gottes in unseren Tagen."

Es war Niemöllers letzte Rede vor seiner Verhaftung am 1. Juli 1937 in Berlin durch die Gestapo wegen „dauernder Kanzelhetze". Ein Gericht verurteilte ihn zu Festungshaft, 1938 wurde er ins KZ Sachsenhausen gebracht, später nach Dachau. Das – gleichgeschaltete – Wiesbadener Tagblatt erklärte die Gründe seiner Verhaftung: „Niemöller hat seit langer Zeit in Gottesdiensten und Vorträgen Hetzreden geführt" und „führende Persönlichkeiten des Staates und der Bewegung verunglimpft".

Ringkirche im Luftkrieg.
Sonntags Fliegeralarm

Während des Zweiten Weltkrieges durften nur noch höchstens 200 Gläubige die Gottesdienste in der Ringkirche besuchen. Anweisung aus Darmstadt: „Die Kirchenbesucher sind bei Fliegeralarm auf die vier Ausgänge aufmerksam zu machen und in die öffentlichen LS-[Luftschutz]Räume An der Ringkirche 3 und Radiohaus Schierstein, Dotzheimer Straße 61, zu verweisen." Mehr Platz gab es dort offenbar nicht. Weitere Anordnung der Kirchenleitung: „Fällt der Fliegeralarm in den Gottesdienst, so ist dieser zu unterbrechen."

Der Überfall auf die Sowjetunion im Juni 1941 war laut Kanzelerklärung eine „Revision einmaligen Ausmaßes, vom Schöpfer aufgetragen". Denn: „Im Osten ist es die Gottlosigkeit in der Fratze des Bolschewismus", die es zu bekämpfen gelte. Im Dezember ordnet die „Reichsstelle für Chemie" an, dass Kerzen nur noch in Gottesdiensten verwendet werden dürfen. Man war bemüht, „den Bedarf an Kerzen für unser Heer im Osten sicherzustellen".

Beim großen Luftangriff auf Wiesbaden in der Nacht zum 3. Februar 1945 wurde die Ringkirche nicht getroffen. Sie war allerdings schon vorher beschädigt worden. In der Nacht zum 13. Oktober 1944 hatten die Druckwellen eines Bombenabwurfs viele Fenster, acht große und gut zwei Dutzend kleine zertrümmert. Unmengen von Glassplittern lagen im Kirchenraum und in der Sakristei zerstreut auf dem Boden. In den folgenden Wintermonaten war die Kirche nicht zu benutzen.

Stark beschädigt wurde am 2./3. Februar 1945 auch die Kreuzkirche am Elsässer Platz. Der Dachstuhl brannte lichterloh. Nur mit Mühe gelang es, das Haus zu retten. Getroffen wurden auch die Blücherschule, die Zietenschule (heute Leibniz) und die Blumenthalschule (heute Gerhart-Hauptmann). Zur Unterbringung von obdachlosen Ausgebombten waren sie unbrauchbar geworden.

V. 1945. Versuch eines Neuanfangs

Halbherzig.
Das Schuldbekenntnis von Stuttgart

Im Oktober 1945 verabschiedete die Evangelische Kirche in Deutschland (EKD) das Stuttgarter Schuldbekenntnis. Dabei gestand sie ihren Anteil an den Verbrechen des Nationalsozialismus ein: „Durch uns ist unendliches Leid über viele Völker und Länder gebracht worden". In der Erklärung hieß es weiter: „Nun soll in unseren Kirchen ein neuer Anfang gemacht werden." Zu den Verfassern gehörten Martin Niemöller und Gustav Heinemann, der spätere Bundespräsident (1969 – 1974). Zum Bekennen einer Mitschuld am Tod von sechs Millionen ermordeten Juden konnte man sich nicht durchringen. Den kircheneigenen Anteil am Antijudaismus, am Aufstieg der NSDAP und am Mitwirken an der Gewaltherrschaft Hitlers verschwieg die Synode. In der Rückschau erscheint uns dieses Dokument als ein halbherziges Schuldeingeständnis. Aber: Es war der Beginn einer grundlegenden Neuorientierung des deutschen Protestantismus.

Vom Sockel gestürzt: Wilhelm I. von Oranien vor der Marktkirche.

Am 23. März 1945 waren die Amerikaner kampflos in Wiesbaden einmarschiert. Am 8. Mai erfolgte die bedingungslose Kapitulation. Im Bombenkrieg war Wiesbaden vergleichsweise glimpflich davongekommen. Aber ein Drittel der Innenstadt lag in Trümmern. Die Amerikaner beschlagnahmten Villen und Hotels. Weil der Zustrom von Flüchtlingen nicht abriss, bedurfte es einer rigiden Zwangswirtschaft bei Wohnungen und Lebensmitteln. Die Besatzungsmacht setzte Georg Krücke (DVP/FDP), den die NSDAP aus dem Amt gejagt hatte, wieder als Oberbürgermeister ein.

Gespenstisches Gerippe: der Südflügel des Kurhauses.

Im November 1945 wurden die Kirchenvorstände der Landeskirche Nassau-Hessen aufgelöst und demokratische Wahlen ausgeschrieben. Der von den Amerikanern eingesetzte Regierungspräsident Dr. Hans Bredow betraute Altbischof August Kortheuer mit der provisorischen Kirchenleitung der vorübergehend wieder selbstständigen Nassauer Landeskirche. Geistliche Mitglieder waren Wilhelm Hahn und Karl Veidt, zwei ehemalige Ringkirchenpfarrer. Der Weg für einen Neuanfang war frei.

Auf dem Friedberger Landeskirchentag im September 1947 schlossen sich die drei Landeskirchen, Nassau, Hessen-Darmstadt und Frankfurt erneut zusammen und bildeten fortan die Evangelische Landeskirche in Hessen und Nassau (EKHN). Es war aber nicht die bloße Buchstabenfolge, die sich änderte, sondern es war eine demokratisch legitimierte, freiwillig vollzogene Fusion. Im Oktober wählte die Synode Martin Niemöller zum Kirchenpräsidenten, wie das frühere Amt des

Landesbischofs bis heute heißt. Er und sechs Pröpste bildeten das Leitende Geistliche Amt (LGA). Die große Mehrheit der EKHN-Pfarrer sah sich nach dem Krieg in der Tradition der Bekennenden Kirche.

Dem Verfassungsausschuss gehörten auch zwei ehemalige Pfarrer der Ringkirche an: Martin Schmidt (1918 – 1928), seit 1929 Professor für Religionswissenschaft an der Religionspädagogischen Akademie in Frankfurt, und Wilhelm Hahn.

Milde gegenüber NS-Pfarrern. Entnazifizierung Fehlanzeige

Demokratisch gewählt: Kirchenpräsident Martin Niemöller (li.), hier mit Altbischof August Kortheuer.

Anders verhielt es sich in der EKD, zu der die EDK mutiert war. Richtungweisend war 1949 die Gründungssynode mit der Wahl des ersten Ratsvorsitzenden Otto Dibelius in Bielefeld-Bethel. Dibelius, der zunächst Hitler ebenfalls freudig begrüßt und sich später auf die Seite der Bekennenden Kirche geschlagen hatte, verfolgte einen beschwichtigenden Kurs gegenüber den ehemaligen Deutschen Christen. Er war der Theologe, den sich Kirchenmänner, die in die Untaten des NS-Regimes verstrickt waren, für einen Neustart wünschten. Weder Dibelius noch die Synode der EKD waren an einer Abrechnung interessiert, sie strebten stattdessen einen Kurs der Versöhnung an. Selbst extreme Nazi-Theologen kamen so ungeschoren davon.

Auf der Synode wurde Dibelius mit einer überwältigenden Mehrheit von 110 Stimmen gewählt. Martin Niemöller, der persönliche Gefangene Adolf Hitlers im KZ Sachsenhausen und Sprecher der Bruderräte der Bekennenden Kirche, erhielt 26 Stimmen. An der Synode nahm auch Ringkirchenpfarrer Wilhelm Hahn teil. Hahn wird 1950 trotz seiner 68 Jahre von der Landessynode zum Stellvertreter des Kirchenpräsidenten gewählt. Man muss darin ein Zugeständnis an den theologisch-liberalen Flügel der EKHN sehen.

Bei aller Milde gegenüber den Verfehlungen ihrer NS-Pfarrer bekannte sich der deutsche Protestantismus jetzt zum ersten Mal zur Demokratie, die er bald – anders als in der Weimarer Republik – wohlwollend und mit zunehmender Beteiligung unterstützen sollte.

Kunstvolles Geflecht: Kreuzbögen, Blumenornamente und Glasarbeiten.

Symbol der Wachsamkeit: der goldene Hahn auf der Turmspitze.

„Rein theologisch".
Mulot vor der Spruchkammer

Als Ringkirchenpfarrer und Dekan Walter Mulot im September 1945 von der neuen Landeskirchenleitung vom Dienst suspendiert wurde, hatte die amerikanische Militärregierung bereits angeordnet, dass er keine öffentlichen Ämter mehr bekleiden durfte. Die Entnazifizierungsprozedur vor der Wiesbadener Spruchkammer schleppte sich indessen lange hin. Unter anderem ging es darum, ob Mulot selbst Bespitzelungen durch die Gestapo angeordnet hatte, ob er sich zu Recht oder Unrecht den Ruf des „Wiesbadener Nazi-Pfarrers" erworben hatte.

NSDAP-Mitglied war Mulot nicht, allerdings förderndes Mitglied der SS und Mitglied der Nationalsozialistischen Volkswohlfahrt (NSV), der er wohl nur allzu bereitwillig den Ringkirchenkindergarten übereignet hatte. Mulot führte Dutzende von Entlastungszeugen auf, die ihm eine „barmherzige Menschenfreundlichkeit" bescheinigten. Das stand in groteskem Widerspruch zu den Klagen seiner Amtsbrüder, die er drangsaliert hatte. Die vorgeworfenen Missetaten parierte Mulot mit gewaltigen Erinnerungslücken. Er beharrte darauf, „unbedingte Toleranz" ausgeübt zu haben.

Der Erbenheimer Pfarrer Erich Weber indes bestätigte, dass Mulots Predigten „immer mit nationalsozialistischer Propaganda durchsetzt" waren, dass er ein „ausführendes Organ" nationalsozialistischer „Gewaltmaßnahmen" war. Mulots Verteidiger, Rechtsanwalt Dr. Freiherr von Preuschen, pochte hingegen darauf, dass sein Mandant stets „aus christlicher Verantwortung gehandelt" habe. Die Spruchkammerleute hatten offenbar keine Ahnung von den theologisch-politischen Kämpfen.

Halsstarriger Dr. Borngässer.
Die Polizei führt den Pfarrer vor

Im Januar 1948 musste Marktkirchenpfarrer Dr. Willy Borngässer zur öffentlichen Spruchkammerverhandlung in der Causa Mulot von der Polizei vorgeführt werden. Er weigerte sich auszusagen. Dabei berief er sich auf einen angeblichen

Kanzelerlass der Kirchenleitung, der den Pfarrern eine Art Zeugnisverweigerungsrecht einräumte. Über den weit über Wiesbaden hinaus Aufsehen erregenden Vorfall berichtete auch das Nachrichtenmagazin DER SPIEGEL. Die Verhandlung wurde vertagt, Borngässer erhielt eine Ordnungsstrafe von 100 Mark. Zur zweiten Verhandlung kam er freiwillig, sagte aus, dass Mulot ihn bei der Gestapo angezeigt habe und schilderte, wie er sich rechtfertigen musste, weil er mit Juden verkehrte.

Walter Mulot wurde im Sommer 1948 als „Minderbelasteter" eingestuft, bekam zwei Jahre Bewährung und eine Strafe von tausend Reichsmark für den Wiedergutmachungsfonds auferlegt. Außerdem wurde sein Ruhegehalt um 20 Prozent gekürzt. Mulot legte Berufung ein. Im November 1950 wurde das Verfahren eingestellt.

Über die Verfehlungen zwischen 1933 und 1945 hüllte man Jahrzehnte nach dem Krieg den Mantel des Schweigens, in den Gemeinden wie in der Öffentlichkeit und in der Wiesbadener Presse. In den Nachrufen über Mulot und Dietrich findet sich kein Sterbenswörtchen über ihre Rolle in der NS-Zeit.

Zeuge vor der Spruchkammer: Marktkirchenpfarrer Willy Borngässer.

Singen mit „Onkel Hugo".
Der Wiesbadener Knabenchor

1949 beschloss der Ringkirchenvorstand eine neue Küsterordnung. Darin hieß es: „Besuchern der Kirche und der sonstigen Versammlungsräume ist ein freundliches Entgegenkommen zu zeigen. Etwaigen Störungen und Ungebührlichkeiten ist sachlich und bestimmt entgegenzutreten und auf unverzügliche Unterlassung hinzuwirken."

Nach dem Zweiten Weltkrieg nahm die Jugendarbeit einen neuen Aufschwung. Es gründete sich eine Pfadfindergruppe, gefördert durch Pfarrer Karl Linke und die Pfadfinderführer Willi-Hermann Merten und Karl-Heinz Walch. Die Gemeindehelferin Gerda Keßler leitete eine Mädchenjungschar und zwei Kreise konfirmierter Mädchen. Der Diakon Theodor Egil gründete Ende der 50er Jahre einen Sing- und einen Gitarrenkreis, ging mit Jungscharlern und Konfirmierten auf Freizeiten. Die Gemeindehelferin Marianne Tödtmann leitete eine Mädchenjungschar und einen Flötenkreis.

Söhne der Ringkirche: der Wiesbadener Knabenchor in den 1990er Jahren.

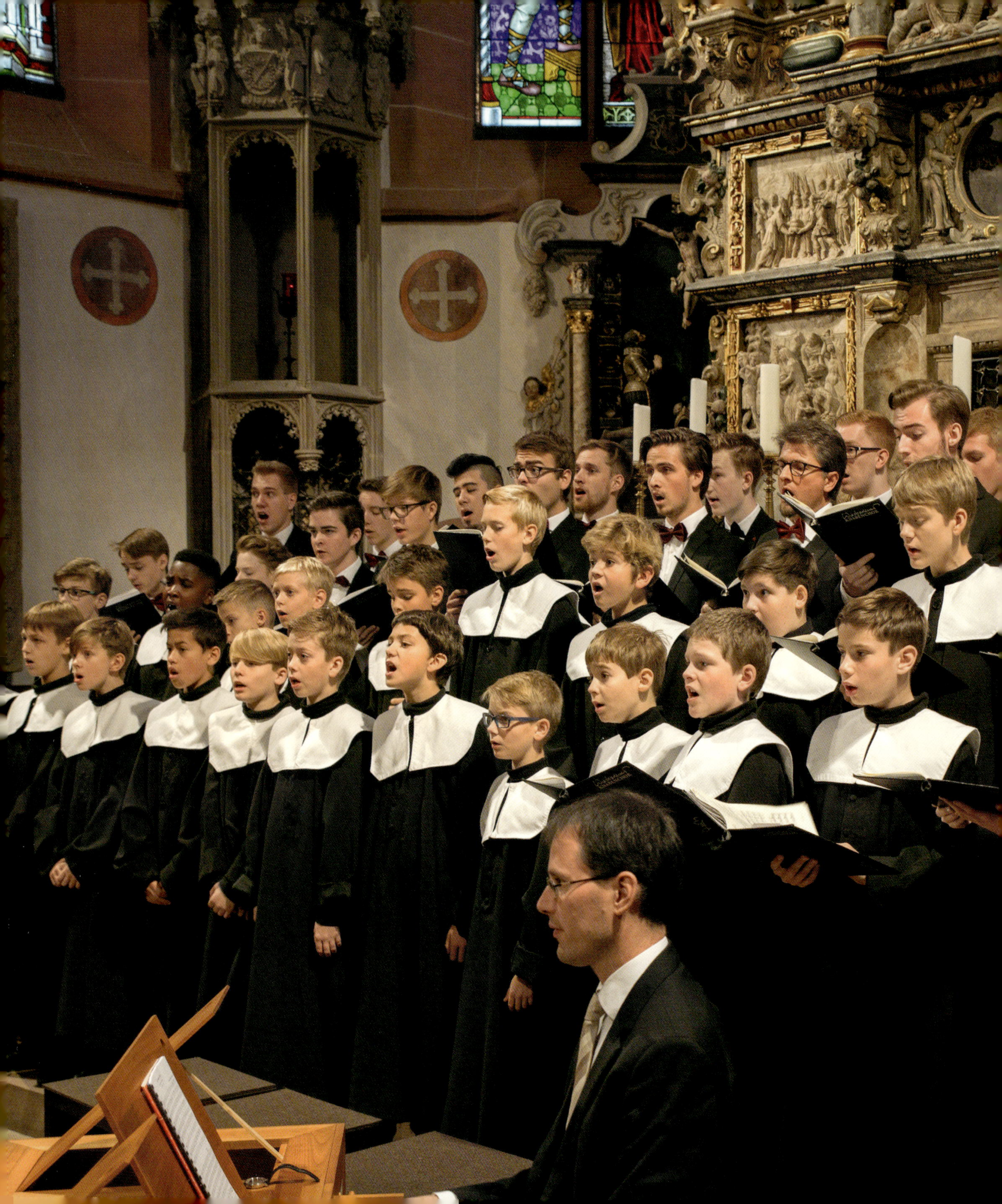

Pfarrer Dr. Hugo Herrfurth kümmerte sich in einem Schülerbibelkreis um die Jungen. „Onkel Hugo" war es auch, der 1960 an der Ringkirche den Wiesbadener Knabenchor gründete. Zunächst mit Konfirmanden, die im Gemeindesaal probten. Vorbilder waren der Thomaner-Chor in Leipzig und die Regensburger Domspatzen. Motetten, Kantaten und Oratorien gehören seither zum Repertoire. Herrfurth, Religionslehrer an der Gutenbergschule, war ein temperamentvoller musikalischer Autodidakt. Er schleuderte im Eifer auch mal seine Brille von der Kanzel – und predigte dann frei weiter. Im Knabenchor sangen später Jungen aus dem ganzen Stadtgebiet. 1964 übernahm Konrad-Jürgen Kleinicke den Taktstock. 1982 gründete Eberhard Henzel den Bläserkreis, um den Sängerknaben die Zeit des Stimmbruchs zu überbrücken.

Seit 2001 ist Roman Twardy künstlerischer Leiter. Die Chorknaben, vom fünfjährigen Sopran bis zum ausgewachsenen Bass, hatten schon Auftritte mit Montserrat Caballé und der Brandenburgischen Philharmonie Potsdam. Sie treten in Gottesdiensten auf, im Kurhaus, im Radio, im Zirkuszelt und im Fernsehen. Immer wieder auch in Wiesbadens Partnerstädten. Durch die Teilnahme an Festivals und Konzertreisen hat sich das Ensemble international einen Namen gemacht. Bis 1997 sang der Knabenchor in der Trägerschaft der Landeskirche. Seither unterstützt ihn ein Förderverein. 2013 wurde der Knabenchor mit dem Kulturpreis der Landeshauptstadt ausgezeichnet.

Die 80 Sänger proben inzwischen im Bonhoefferhaus, aber „die Ringkirche ist nach wie vor unsere Heimat", sagt Roman Twardy. Schließlich ist Ringkirchenkantor Hans Kielblock Korrepetitor des Knabenchors.

Für die ganze Propstei.
Zentrum der Gehörlosen

Ringkirchenpfarrer Dr. Dr. Eugen Hildebrand (1952 – 1977) predigte jahrelang zweisprachig: mit Mund und Händen. Die Gebärdensprache hatte er in seiner Heimatstadt Leipzig gelernt, am Samuel-Heinicke-Institut, der ältesten Taubstummenanstalt Deutschlands. Die Ringkirche war jetzt Zentrum der gehörlosen Protestanten in der Propstei Süd-Nassau. Hildebrand war Vorsitzender des Konvents für Taubstummenseelsorge in der EKHN. 1961 erhielt die Ringkirche eine Induktionsanlage für Schwerhörige, mit der man ohne Kopfhörer auf allen Plätzen mit Transistorengeräten dem Gottesdienst folgen konnte. Um die Jahrtausendwende

Linke Seite:
Der Wiesbadener Knabenchor in St. Valentinus in Kiedrich: im Vordergrund Korrepetitor Hans Kielblock.

Kümmerte sich um die Gehörlosen: Ringkirchenpfarrer Dr. Dr. Eugen Hildebrand.

Traumhochzeit des Jahrzehnts: Karin Dor und Harald Reinl vor der Ringkirche 1954.

endete das Angebot. Im Jubiläumsjahr wurde eine neue Induktionsanlage eingebaut.

Die Traumhochzeit des Jahrzehnts. Karin Dor und Harald Reinl

Eine „echte Filmhochzeit", schwärmte der Wiesbadener Kurier, ging im November 1954 in der Ringkirche über die Bühne. Die Braut: Schauspielerin Karin Dor, eine waschechte Wiesbadenerin. Mit bürgerlichem Namen Kätherose Derr. Der Bräutigam: Regisseur Harald Reinl. Sie 16, er 46. Großer Auftrieb in und um die Ringkirche herum. Geladene und Schaulustige.

In den 1960er Jahren avancierte Karin Dor zu einer der populärsten Darstellerinnen des deutschen Unterhaltungskinos. Sie spielte in Karl-May- und Edgar-Wallace-Filmen mit, wurde international bekannt durch „James Bond 007 – Man lebt nur zweimal" (1967) und „Topaz" von Alfred Hitchcock (1969). In den Winnetou-Filmen und im „Schatz im Silbersee" führte Harald Reinl Regie. Karin Dor war als „Ribanna" Winnetous große Liebe. In dem in Wiesbaden gedrehten Film „Rosenresli" (1954) stand sie mit der neunjährigen Christine Kaufmann vor der Kamera. Der Kurier beobachtete: „Das Glück leuchtete der Braut aus den Augen, als sie – im weißen Brautkleid mit langer Schleppe und einem Strauß weißen Flieders im Arm – zum Altar schritt." 2017 starb Karin Dor 79-jährig in München.

Die jüngsten Töchter. Kreuz- und Matthäusgemeinde

Die jüngsten Töchter der Ringkirche heißen Stephanus- und Matthäusgemeinde. Die Stephanuswar ursprünglich die Kreuzkirchengemeinde. Sie hatte sich mit der Verpflichtung ausgegründet, bald eine eigene Kirche im Wohngebiet zu bauen. 1958 entstand die Kreuzkirche am Eingang der Dürer-Anlagen. Die Ringkirchengemeinde bekam ihre Notkirche am Elsässer Platz zurück, nutzte sie als Gemeindesaal und richtete eine Predigtstelle für ihren vierten Pfarrbezirk ein.

Winterstimmung in den 70er Jahren: verschneite Ringkirchenlandschaft.

1966 hat sich hier die Stephanusgemeinde gegründet, die bis 2013 existierte, als sie mangels Zuspruch wieder in den Schoß der Mutter Ringkirche zurückkehrte. Eine weitere Tochter der Ringkirche, die Matthäusgemeinde, erhielt 1965 am Rand der neuen Siedlung Klarenthal in der Daimlerstraße ihr Gotteshaus.

Eine Kirchenvisitation im Jahr 1966 stellte der Ringkirchengemeinde mit 30.000 Gliedern kein gutes Zeugnis aus. Die Darmstädter Visitatoren beklagten den schwachen Gottesdienstbesuch und stellten fest: „Man spürt, daß die Entchristlichung Fortschritte macht." Die Frauenarbeit hatte demnach „eine schöne Vergangenheit, ist aber im Augenblick nicht sonderlich stark und vergessen." Allein die drei Gemeindeschwestern, Frieda Afholderbach, Maria Wagner und Marianne Bleith, wurden für ihre täglich jeweils 16 bis 18 Besuche bei schwerkranken Alten hoch gelobt. Die drei gehörten zu den Schwestern mit der längsten Dienstzeit in der Ringkirchengemeinde.

Raumnot und Raumüberfluss. Die Gemeindehäuser

1958 wurden in einem Gottesdienst gelegentlich bis zu einem Dutzend Kinder getauft. Die wachsenden Raumprobleme der Gemeinde lösten sich mit dem Kauf des Hauses Kaiser-Friedrich-Ring 5. 1968 begannen die Umbauarbeiten zu einem Gemeindesaal, einem Büro, einem Jugendkeller und einer weiteren Pfarrerwohnung. 40 Jahre später war die Gemeinde längst geschrumpft, das Haus wurde vermietet. Das alte Pfarrhaus An der Ringkirche 3 erhielt 2007 einen Anbau, eine Küche und moderne Toiletten. Hier proben auch die Ringkirchenchöre und die KirchenStreicher.

Sattsehen kann man sich an der Ringkirche nicht: architektonische Details (oben und rechte Seite).

St. Stephanus' Anfang war schwer. Aber das Gemeindeleben blühte

Der Anfang der Stephanusgemeinde 1966 war nicht einfach. Ringkirchenpfarrer Dr. Dr. Hildebrand und Propst Dr. Ernst zur Nieden pochten darauf, dass die Kirche gleichzeitig weiterhin als Gemeindehaus der Ringkirche diente. Gleichwohl entfaltete die neue Gemeinde bald ein lebendiges Eigenleben. Der spätere Wiesbadener Dekan und Stadtsuperintendent von Hannover, Hans-Martin Heinemann, und Ringkirchenpfarrer Dr. Sunny Panitz hatten hier ihre Anfänge. Der Stephanusbrief spiegelte das vielseitige Gemeindeleben wider. Der Wiesbadener Knabenchor nutzte die Kirche als Übungsstätte. 1990 fand eine Anne-Frank-Ausstellung großen Anklang. Der Seniorenkreis zählte bei seinen Ausflügen oft über hundert Teilnehmer.

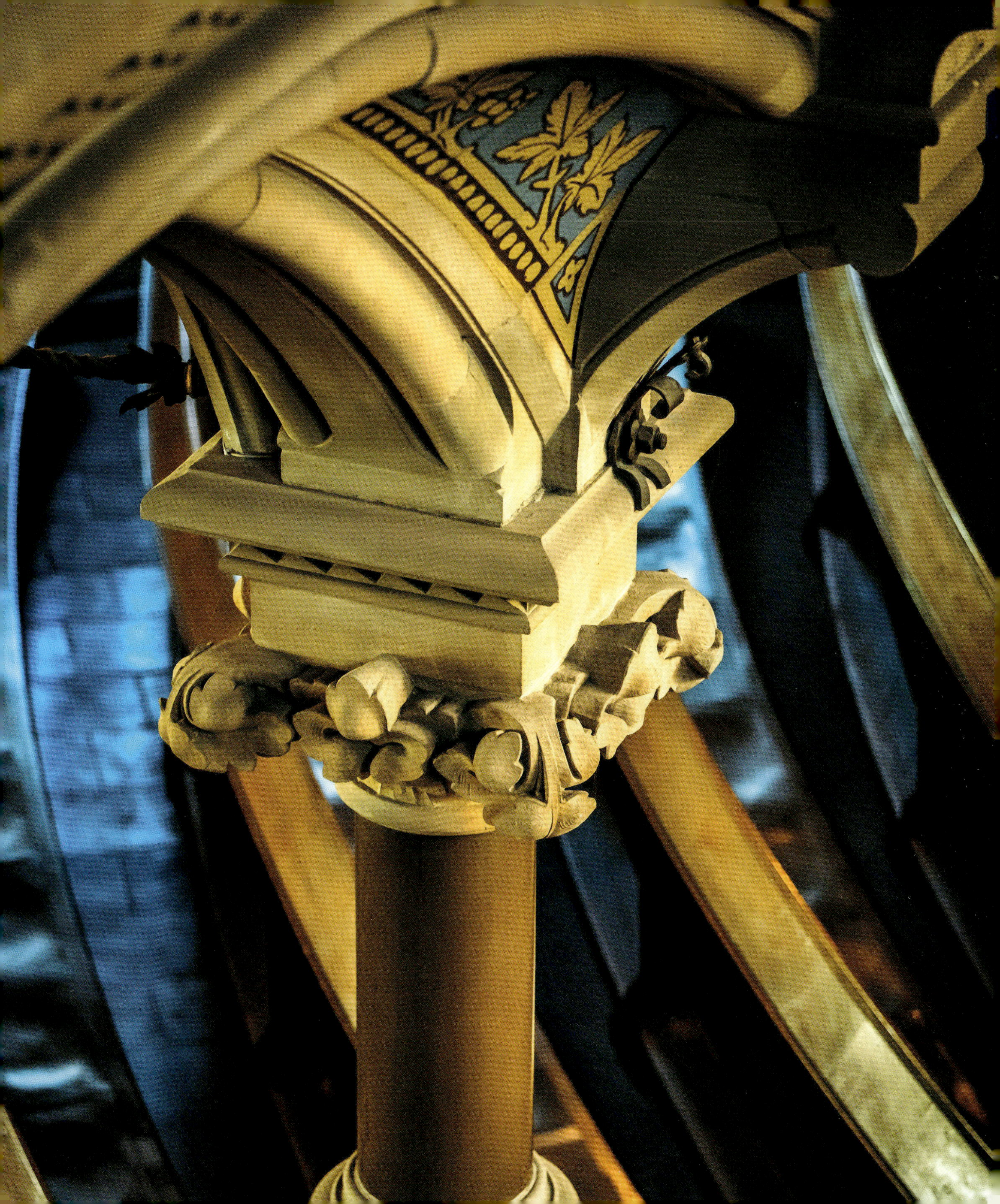

Weil der Kirchenbau mit seiner eigenwilligen parabolischen Grundform einen – heute nicht mehr sichtbaren – Orchestergraben und eine Filmvorführeinrichtung besaß, war er auch für übergemeindliche Veranstaltungen attraktiv. Die Mozart- und die Brahmsgesellschaft, viele Schulen und andere Einrichtungen veranstalteten hier Konzerte. 1977 besuchten mehr als 300 Mitglieder den Adventsnachmittag mit einem Auftritt des Wiesbadener Knabenchors.

1990 startete der spätere Marktkirchenorganist Dr. Thomas J. Frank hier seine kirchenmusikalische Laufbahn an der Walcker-Orgel. Er setzte sich dafür ein, dass sie 1994 eine Grundsanierung und einen neuen Spieltisch bekam. Als Ersatz für Glocken diente eine Tonbandaufnahme des Geläuts des Kölner Doms, die per Lautsprecher nach außen übertragen wurde. Während der Gottesdienste duftete es zuweilen nach Weihrauch, den zuvor die Syrisch-Orthodoxen verwendet hatten.

Blick auf Orgel und Altar der Stephanusgemeinde.

VI. Geteilte Welt.
Die Ringkirche im Kalten Krieg

Streit um die Wiederaufrüstung.
Niemöller beim 60. Jubiläum

Deutschland war bald geteilt in vier Besatzungszonen, aus denen 1949 im Westen die Bundesrepublik, im Osten die DDR hervorging. In einer historisch beispiellosen Aktion rettete die US-Luftwaffe vom Juni 1948 bis Mai 1949 die West-Berliner vor dem Aushungern durch die Sowjetunion. Das Zentrum der Operation: Wiesbaden. Das Oberkommando der Luftbrücke befand sich im Eckhaus Taunusstraße/Geisbergstraße. Der Kalte Krieg war entbrannt.

Im Zuge des Ost-West-Konflikts trieb Bundeskanzler Konrad Adenauer (CDU) die Wiederbewaffnung voran, bis 1955 die Bundeswehr gegründet wurde. Dagegen regte sich heftiger Widerstand, auch aus den Kirchen. Der Bruderrat der EKD sprach sich in einer Synode in Eisenach dagegen aus. Im Oktober 1950 schrieb Kirchenpräsident Martin Niemöller einen offenen Brief an Konrad Adenauer und forderte ihn auf, eine solch schwerwiegende Entscheidung in die Hände der Wähler zu legen. Die Wiederaufrüstung bewegte auch die Ringkirchengemeinde. 1954 hielt Kirchenpräsident Martin Niemöller die Festpredigt zum 60. Jubiläum in der überfüllten Ringkirche. 1966 gab es wieder Meinungsverschiedenheiten, als Niemöller in Moskau den Lenin-Friedenspreis entgegennahm.

Zum 60. Jubiläum: Feierlicher Einzug mit Martin Niemöller, hinter ihm Pfarrer Merten, an seiner Seite Herrfurth, dahinter Hildebrand.

Den Eisernen Vorhang durchlöchert.
Die Patenschaft mit Magdeburg

Nach dem Bau der Berliner Mauer 1961 pflegte die Ringkirchengemeinde eine Patenschaft mit der Nicolaigemeinde in Magdeburg. Man schickte Päckchen mit Kaffee, Kinderstrumpfhosen und Babyseife „nach drüben". Alljährlich im Herbst organisierte Kirchenvorstandsmitglied Martin Machenheimer eine Fahrt nach Magdeburg. Die Wiesbadener wurden herzlich empfangen, unternahmen mit ihren Gastgebern Ausflüge, einmal bis nach Wittenberg. Mit seiner Frau Renate richtete Martin Machenheimer einen Abend mit Apfelwein und Brezeln aus. Viele in der St. Nicolai-Gemeinde waren Fans des „Blauen Bock", der TV-Kultsendung mit dem „Ebbelwoi-Babbler" Heinz Schenk und der Frankfurter Bäckerstochter Lia Wöhr. Pfarrer Dr. Friedemann Oettinger begleitete eine Jugendgruppe nach Magdeburg.

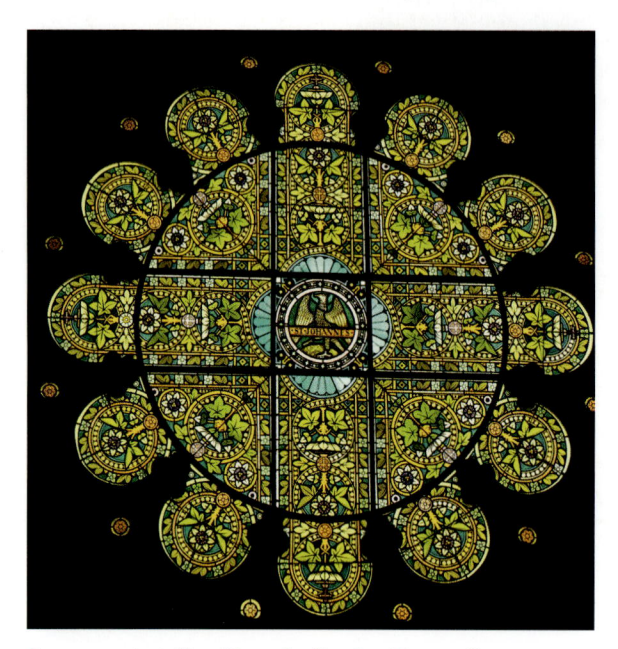

Rosette mit Adler: Er steht für den Evangelisten Johannes.

Wie wichtig diese Verbindung für die Christen in der DDR war, hat ihr Pfarrer Dr. Klaus-Peter Köppen 1994 im Rückblick eindrucksvoll geschildert. Die Besuche aus Wiesbaden galten als einer der Höhepunkte im Gemeindeleben von St. Nicolai. Ein Ringkirchenpfarrer predigte oft zur Eröffnung der Friedensdekade. Der Eiserne Vorhang war so wenigstens ein bisschen durchlöchert. 1974 schmuggelte Ringkirchenvikar Dr. Dieter Lindheimer einen ausrangierten Matritzendrucker über die deutsch-deutsche Grenze.

1990 stand Pfarrer Köppen zum ersten Mal auf der Ringkirchenkanzel. Köppen sagte dazu später: „Manche, die damals den Rhein zum ersten Mal gesehen haben, schwärmen noch heute von diesen unvergesslichen Tagen." Nach der Euphorie im Zuge des Mauerfalls 1989 schlief diese deutsch-deutsche Gemeindepatenschaft bald ein.

Umstrittener Zeitgeist.
Gleich drei politische Pfarrer

1966 wurde Pfarrer Adolf Reinel an die Ringkirche berufen. Das war der Beginn einer neuen Politisierung der Gemeinde. Reinel war Mitbegründer des Förderkrei-

Aus friedensbewegter Zeit: Plakat aus den 1980er Jahren in einem Turmraum.

ses Aktives Museum deutsch-jüdischer Geschichte. Aus ihm ist der Verein Aktives Museum in der Spiegelgasse hervorgegangen, der sich um die Erforschung der Geschichte der Wiesbadener Juden verdient gemacht hat.

Zum 75. Jubiläum 1969 kam Kirchenpräsident Helmut Hild (1921 – 1999) zu einem Empfang in die Ringkirche. Festredner war der frühere Ringkirchenpfarrer Karl Linke, inzwischen Professor am Predigerseminar in Friedberg. In der Jubiläumsfestschrift positionierte sich Reinels Kollege Dr. Dr. Eugen Hildebrand vehement gegen den linken Zeitgeist und fragte: „Sollten wir uns nicht vielmehr sachlich und nüchtern auf die Verkündung des Wortes und die Verwaltung der Sakramente besinnen, wie es die Väter taten […]?" Die Ringkirchengemeinde zählte jetzt 18.000 Glieder, so dass jeder der drei Pfarrer etwa 6.000 Seelen betreute.

Neue Turbulenzen.
Viel Streit um den Frieden

Lebhafte Debatten entbrannten über den Friedenstreff an der Ringkirche, der jeden Mittwochabend im Gemeindehaus tagte. Eine unmittelbare Reaktion auf den Nato-Doppel-Beschluss von 1979, mit dem die Amerikaner die Aufstellung von Pershing II-Raketen und Marschflugkörpern ankündigten, um die Sowjetunion zum Abbau ihrer SS-20-Mittelstreckenraketen in Osteuropa zu zwingen. Im Oktober 1981 demonstrierten auf dem Bonner Hofgartenplatz 350.000 Menschen gegen den Doppelbeschluss.

Kirche mit magischer Anziehungskraft: in den 80er Jahren für Aufrüstungsgegner.

Es begann eine turbulente Zeit. Dabei ging es wieder einmal um die Frage: Wie politisch darf oder muss eine Kirchengemeinde sein? Der Friedenstreff beteiligte sich an einem Koordinationskreis, dem neben dem DGB und der SPD Mitglieder der Sozialistischen Deutschen Arbeiterjugend (SDAJ) und der Deutschen Kommunistischen Partei (DKP) angehörten, Gruppen wie Pax Christi und eine Schiersteiner Friedensgruppe. Der Friedenstreff organisierte Demonstrationen und andere Protestaktionen. Pfarrer Friedemann Oettinger wurde als Kommunist verdächtigt. Das war er aber nicht, sagen die damaligen Mitstreiter Sabine Bickel und Jan-Karsten Meier. Zum 100. Jubiläum der Ringkirche schrieb Pfarrfrau Ruth Reinel 1994 in die Chronik: „Mancher politischen Gesprächsrunde folgten heiße Diskussionen in der Pfarrwohnung bis tief in die Nacht." Mit dem studentenbewegten Friedemann Oettinger, mit Wolfgang Raddatz und Adolf Reinel waren jetzt gleich drei Pfarrer in der Friedensbewegung engagiert. Gelegentlich überboten sie sich mit ihrem Herzensanliegen.

Anhänger und Gegner der politischen Aktivitäten standen sich, bisweilen bis zur Unversöhnlichkeit, gegenüber – in der Gemeinde, im Kirchenvorstand, zwischen ihm und den Pfarrern. Friedemann Oettinger und Friedrich Wilhelm Siebert nahmen oft an den Mittwochtreffs teil, ihren Predigten gaben sie eine ausgeprägt politische Tendenz, Siebert mit Lateinamerika im Fokus seiner Betrachtungen. Er sensibilisierte die Gemeinde für Flüchtlinge und Asylbewerber. Gleichzeitig brachte er die Gegner seines politischen Engagements gegen sich auf.

*Rechts:
Gegen die Startbahn West: Wiesbadens größte Demonstration.*

KEINE STARTBAHN
MAINSPITZE
Wald sind jetzt die Räuber
sonst liegt
der Staat
GELD
FAG
STUNG
West

Die große Demonstration.
Kampf gegen die Startbahn West

Zwischen 120.000 und 150.000 Teilnehmer marschierten am 14. November 1981 durch die hessische Landeshauptstadt, um friedlich gegen den Bau der Startbahn West am Frankfurter Flughafen zu protestieren. Von überall her waren sie in Bussen angereist, zogen vom Hauptbahnhof an der Ringkirche vorbei zur Abschlusskundgebung auf dem Elsässer Platz. Es war die größte Demonstration, die Wiesbaden je erlebte. Anlass war die Übergabe des Antrags auf ein Volksbegehren an den Landeswahlleiter.

Das Spektrum der Demonstranten reichte von CDU-Stadträten aus Anrainergemeinden des Flughafens über Jungsozialisten und Gewerkschafter bis zu DKP-Anhängern und Leuten, die dem „autonomen Schwarzen Block" angehörten. Aus Furcht vor Ausschreitungen hatten viele Ladenbesitzer die Schaufenster mit Holzbrettern und Eisengittern verbarrikadiert. Die Demo blieb aber friedlich.

Als die Demonstranten an der Ringkirche vorbeizogen, ließ Pfarrer Oettinger die Glocken läuten. Ohne Absprache mit dem Kirchenvorstand. Für diese Solidaritätsaktion gab es viel Beifall, aber auch scharfe Missbilligungen. Dekan Karl Ernst Stumpf, ein früherer Ringkirchenpfarrer, monierte einen Verstoß gegen die Läuteordnung. Oettinger musste sich bei der Kirchenleitung in Darmstadt erklären. Er und seine Frau erhielten Drohanrufe und Beschwerdebriefe.

Kirchenvorstandsmitglied Friedrich Peters warf Oettinger in einem Leserbrief vor, sein Amt als Pfarrer „schamlos zur Unterstützung seiner Privatmeinung missbraucht" zu haben. Der CDU-Landtagsabgeordnete Manfred Kanther polarisierte weiter, indem er in einem Brief an die Pfarrer von einer „ebenso selbstgerechten wie unerträglichen Amtsanmaßung" sprach.

Mit Kantor Wolfgang Fröhlich: Weihnachtsoratorium 1978.

Herrliche Perspektiven: entlang der Kanzelwand hoch zum Triumphbogen.

Oettinger sah im Abholzen des Waldes für die Flugzeugstartbahn eine „Bedrohung der Schöpfung durch immer umfassendere Eingriffe". 400.000 Bäume mussten für die Startbahn gefällt werden. Gespalten beim Bau der Startbahn war auch die SPD, deren Ministerpräsident Holger Börner das Projekt gegen Widerstand aus den eigenen Reihen durchzog.

Von 1981 an erschien der Gemeindebrief „Wir", in dem nicht nur biblische und kirchliche Themen erörtert wurden, sondern auch politische Missstände in aller Welt, von der Wohnungsnot bis zu Flüchtlingsfragen. Im Gemeindehaus wurden Flüchtlingskinder aus dem Iran und Afghanistan, Syrien und Somalia unterstützt.

Feinde der Ringkirche.
Regen, Salze und Abgase

Landesdenkmalpfleger Dr. Wolfgang von Sichardt forderte 1985: Weg mit dem Durchgangsverkehr auf den Straßen rund um die Ringkirche. Ein Gutachter nahm den Sandstein unter die Lupe: Steinfraß hatte den Außenmauern zugesetzt. Schlimmer noch: Luftschmutz und saurer Regen ließen die Steine porös werden. Es rieselte und bröckelte. Empfohlene Therapie: säubern mit heißem Wasser, neue Bindemittel einfüllen, imprägnieren. Was sich früher in Jahrhunderten abnutzte, bewirkten Regen, Salze und Abgase jetzt in wenigen Jahren. Längst waren auch Blech- und Schieferteile von den Türmen gefallen. Es war immer noch der Schiefer aus dem Jahr 1894, dessen Erneuerung der Fassadenrenovierung nun vorgezogen wurde.

Der Unglücksaufzug: Drei Jahre später erst waren die Unfallursachen geklärt.

Einen der traurigsten Tage der Ringkirchenhistorie erlebte die Gemeinde im April 1988. Vier Bauarbeiter stürzten bei den Renovierungsarbeiten mit einem Lastenaufzug 50 Meter in die Tiefe. Zwei starben, zwei wurden lebensgefährlich verletzt. In einem Trauergottesdienst, den die Pfarrer Dr. Friedemann Oettinger, Albert Kratz und Adolf Reinel zelebrierten, gedachte man der Verunglückten.

Ebenfalls von Johannes Otzen: die Heilig-Kreuz-Kirche in Berlin-Kreuzberg.

Länger als drei Jahre dauerte es, bis die Unfallursache geklärt war: Die Kupplung an der Seilwinde des Aufzugs hatte den Belastungen nicht standgehalten, stellte ein Gutachten der TU Darmstadt 1991 fest. Umgehend wies das hessische Sozialministerium die Gewerbeaufsicht an, sämtliche Bauaufzüge dieser Art stillzulegen, solange sie nicht nachgerüstet worden waren.

Gegen den Golfkrieg.
Studenten besetzen die Ringkirche

Neue Turbulenzen entfachte der Beginn des Zweiten Golfkriegs 1991, dem die Eroberung Kuwaits durch den Irak im August 1990 vorausgegangen war. Etwa 25 Studenten besetzten nach einem Kindergottesdienst im Januar die Ringkirche, um ein „Aktionszentrum gegen den Golfkrieg" einzurichten. Die Besetzer machten sich im Raum neben der Sakristei breit. Zwei Wochen lang. Das war Hausfriedensbruch. Einige forderten deshalb die Räumung durch die Polizei. Die Gemeinde akzeptierte aber eine „geordnete Hinnahme" der illegalen Aktion und setzte auf eine gewaltfreie Lösung.

Als die Nachricht vom Beginn der Befreiung Kuwaits vom irakischen Diktator Saddam Hussein durch eine USA-geführte Koalition über die Bildschirme flimmerte, ließen die Besetzer die Glocken läuten. Aus Wut auf die Amerikaner bewegte sich spontan ein Demonstrationszug von der Ringkirche durch das Westend. Mit Parolen wie „Völkermordzentrale USA" und „Kein Blut für Öl". Es handelte sich teilweise um die Hausbesetzerszene, die rund um die Helenenstraße aktiv war. Auf einem Transparent forderte man die Unterstützung von Kurden und Palästinensern. An der Ringkirchenfront wehte die Palästinenser-Fahne. Pfarrer Kratz schäumte und verwies auf den christlich-jüdischen Dialog, den die Gemeinde führte.

Das Transparent „Solidarität mit der palästinensischen Intifada" brachte das Fass zum Überlaufen. Oettinger distanzierte sich umgehend. Der Jüdischen Gemeinde, die über den Vorfall verärgert war, schrieb Oettinger: „Sie sollen wissen, dass

War dringend reparaturbedürftig: Ein Spezialkran holt Uhrwerk und Zifferblatt von der Turmfront.

wir mit Ihnen bangen um das Leben der Menschen in Israel." Nach zwei Wochen gelang es Oettinger, die Besetzer zum Abzug zu bewegen. Am Ende erhielt er Beistand vom Vorstand des Dekanats: „Wir stellen mit Befriedigung und Freude fest, daß auf friedlichem Weg eine Lösung gefunden wurde."

Es gibt denkwürdige Zufälle: Friedemann Oettinger hatte sich an seiner ersten Pfarrstelle in Berlin-Kreuzberg, Wiesbadens Partnerstadt, schon einmal mit einer Kirchenbesetzung, damals von RAF-Sympathisanten, herumzuschlagen. Auch sie hatte er friedlich gelöst. Es war die Heilig-Kreuz-Kirche von Johannes Otzen, die 1888 im Beisein von Kaiser Wilhelm II. und Kaiserin Auguste Viktoria eingeweiht worden war.

Filigranes Detail: Wappenstein in den Farben des Königreichs Preußen.

Bis zur Sprachlosigkeit.
„Da sind auch die Fetzen geflogen"

Seit 1990 pflegt die Stadt Wiesbaden, initiiert von einer rot-grünen Rathaus-Koalition, eine Partnerschaft mit der nicaraguanischen Stadt Ocotal. Die Ringkirchengemeinde unterstützte das Projekt, indem die Erlöse aus Flohmärkten „rund um die Ringkirche" für Kinderhilfsprojekte nach Ocotal flossen.

1993 organisierte Pfarrer Siebert mit dem Verein Nueva Nicaragua für den Dichter und Befreiungstheologen Ernesto Cardenal einen Auftritt in der Ringkirche. Rund 700 Besucher lauschten dem Dichter-Pfarrer, der in Jeans, weißem Kittel und Baskenmütze Kostproben seines literarischen Schaffens gab. 1979 bis 1987 war Cardenal Kulturminister von Nicaragua. 1980 ist er mit dem Friedenspreis des Deutschen Buchhandels ausgezeichnet worden. Papst Paul II. hatte Cardenal 1984 seiner priesterlichen Ämter enthoben, weil er mit der Guerilla der sandinistischen Befreiungsfront kooperierte. Im 125. Jubiläumsjahr der Ringkirche hob Papst Franziskus die Sanktionen gegen den inzwischen 94-Jährigen auf.

Pfarrer Albert Kratz versuchte als geschäftsführender Pfarrer solche politisch motivierten Aktivitäten zu unterbinden. „Da sind manchmal auch die Fetzen geflogen", erinnert sich Jan-Karsten Meier, damals im Friedenstreff aktiv und später Vorsitzender der Rathaus-Fraktion der Wiesbadener Grünen. Manchmal mündete ein Streit unter den Pfarrern auch in Sprachlosigkeit.

Im Herbst 1992 gab die Turmuhr ihren Geist auf. Das Uhrwerk wurde repariert, und weil auch das Zifferblatt abgeblättert war, holte man es im Juni 1993 mit einem Spezialkran herunter.

Schon wieder in Zwietracht.
1998 eskaliert ein Konflikt

Neue persönliche Konflikte in der Gemeinde spitzten sich 1998 zu. Ausgangspunkt waren Querelen mit Albert Kratz. Er und Pfarrerin Sabine Emde verkehrten mit dem Synodalvorstand monatelang nur über einen Anwalt, währenddessen sich der Kirchenvorstand auflöste. Die Schuld schob man sich gegenseitig zu. Schließlich leitete der Synodalvorstand unter dem Vorsitz von Wilhelm Dammeier bei der Kirchenleitung ein „Ungedeihlichkeitsverfahren" ein. Im März 1998 wurden Kratz und Emde beurlaubt.

Im September führten Propst Friedrich Weber und der kommissarische Dekan Hans-Martin Heinemann Pfarrerin Dorothea Heß und Pfarrer Bernd Tillmann in einem Gottesdienst in ihre Ämter ein. Als dritter Pfarrer kam Volker Weinmann hinzu. Bald gab es auch wieder einen Kirchenvorstand. Tillmann bemühte sich, die Gemeindearbeit neu aufzubauen. Ausstellungen, Musicals und Thomasmessen sollten ein anderes Image geben. Gleichzeitig begann die Innenrenovierung der Kirche.

Hoher äthiopisch-orthodoxer Feiertag: Liturgie am St. Georgsfest.

Afrikaner im Asyl.
Die orthodoxen Äthiopier

Seit 2003 haben Christen der äthiopisch-orthodoxen Gemeinde St. Giyorgis in der Ringkirche ein Zuhause gefunden, unter ihnen viele Flüchtlinge. Die Äthiopier kommen aus einem der ärmsten Länder der Welt und aus einem Land, deren Völker der Amharen und Tigray seit dem 4. Jahrhundert der zweitältesten christlichen Kirche (nach der armenischen) angehören.

Seit 2017 im Amt: Pfarrer Abraham Girmay.

Die sonntäglichen Gottesdienste der Äthiopier beginnen spätestens um 6 Uhr und dauern drei Stunden. Die Instrumente der Liturgie sind Trommeln und Stimmbänder, vor allem die der Frauen, die in ihren festlich weißen Kleidern getrennt von den Männern sitzen. Viele Kinder unter ihnen, alle in die Netela, das weiße Gottesdienstgewand, gehüllt. Der Pfarrer in buntem Ornat. Es duftet nach Weihrauch. Das Allerheiligste birgt den Tabot, eine Nachbildung der Bundeslade mit den Zehn

Geboten. Kirchensprache ist das alt-äthiopische Ge'ez, quasi das Latein der Amharen.

Nach der Liturgie reicht man im Gemeindesaal während der Bibelstunde gesegnetes Brot. Die höchsten Feiertage im Kirchenjahr sind neben Ostern und Weihnachten die Taufe Jesu, Timkat, und das Fest des Heiligen Georg, des Schutzheiligen Äthiopiens. Die Äthiopisch-Orthodoxen sind Mitglied im Ökumenischen Arbeitskreis Christlicher Kirchen (ACK). Seit 2017 leitet Pfarrer Abraham Girmay die Gemeinde. Abrahim Adem, ein Mann mit eritreischen Wurzeln, arbeitet seit 2009 als Küster an der Ringkirche; er teilt sich die Arbeit mit Marina Herkt.

Zum nationalen Denkmal erkoren. Die Sanierung kann beginnen

2003 wurde die Ringkirche in den Rang eines nationalen Denkmals erhoben, als dritte Wiesbadener Kirche nach der Russischen und der Marktkirche. „Sie hat eine Bedeutung, die man nicht hoch genug einschätzen kann", sagte Landeskonservator Professor Dr. Gerd Weiß, über dessen Schreibtisch der Antrag an das Bundeskulturministerium gestellt wurde. Entschieden hat eine unabhängige vierköpfige Jury.

Weiß sprach von der „Adelung" der Ringkirche. Eine Adelung, die Pfarrer Ralf-Andreas Gmelin nur begrüßte. Denn nun flossen Bundeszuschüsse für die Sanierung, die 2003 an der Außenfassade begann. Der ockerfarbene Sandstein war längst wieder ergraut, stellenweise rußgeschwärzt. Autoabgase und saurer Regen hatten ihm erneut zugesetzt, die Fresken im Innern beschädigt. Ein Jahr später brachte Bundesministerin Heidemarie Wieczorek-Zeul (SPD) den ersten Scheck über 80.000 Euro aus Bundesmitteln. Die Ministerin hatte sich bei der Beauftragten des Bundes für Kultur und Medien, Staatsministerin Christina Weiss, für die Ringkirche eingesetzt. Die Fenster werden von den Glasstudios Derix in Taunusstein saniert.

Letzter Renovierungsakt: die Zwillingstürme.

Unmengen von Unrat.
Mischung aus Schutt und Taubenkot

Eine ätzende Mischung aus Bauschutt und Schmutz, Taubenkot und toten Tieren hatte über Jahrzehnte hinweg die Gewölbe der Ringkirche angefressen. In der Luft fliegende Mikroben und Flugschnee, der allerlei Unrat herbeiwehte, hatten das Gebäude angegriffen, dazu die viel zu nahe wachsenden Pagodenbäume, deren Wurzeln und Kronen das Gotteshaus gleich doppelt beschädigten: von oben durch Nässe, von unten, indem das Wurzelwerk die Abflussrohre verstopfte. Die Geländer an den Balustraden waren durch Vandalismus, aber auch durch ungezügelten Baumwuchs ramponiert.

Entrostet, gestrichen und stabilisiert: der Glockenstuhl.

Aus dem Dach der Kirche hat man die kaum vorstellbare Menge von 60 Tonnen Unrat aus Ritzen, Öffnungen und Zwickeln über den Gewölben entfernt. Eine Unmenge, die sich seit 1894 angesammelt hatte. Ausgewaschene Fugen haben die Restauratoren nachverfüllt, abgebröckelte Steinteile ersetzt, verfugt und konserviert. Dachdecker und Spengler, Schreiner, Maler und Steinmetze waren im Einsatz. Zum Schutz vor Verunreinigungen brachte man stumpfe Metallzinken, sogenannte Taubenvergrämungen, an. Den Rosettenfenstern gab man Schutznetze aus Edelstahl.

Die Bauabschnitte wanderten im Uhrzeigersinn um die Kirche. Zuletzt waren 2008/09 die Zwillingstürme an der Reihe. Ein Aufzug beförderte die Handwerker turmaufwärts, wo sie das Mauerwerk entmoosten und entkoteten, den Glockenstuhl entrosteten und strichen. Weil er Risse hatte, wurde seine Statik mit einem Spannstahl verstärkt, der die Kraft der schwingenden Glocken gleichmäßig am Turm verteilt.

Strahlt in neuem Glanz: der Löwe für Markus.

Im Oktober 2009 leuchteten die Sandsteine wieder in hellem Ockergelb, strahlten die Rosettenfenster in satten Farben. Vor allem im Abendlicht, weniger in den vormittäglichen Gottesdiensten, schaffen sie eine außergewöhnliche, anheimelnde Atmosphäre. Am Ende war der Kirchenbau für über 3,3 Millionen Euro runderneuert.

Transparenz zum 110. Jubiläum.
Ein gläserner Eingang

Zum 110. Kirchenjubiläum 2004 erhielt die Reformatorenhalle einen neuen Eingang. Das schwere schmiedeeiserne Gitter verfrachtete man in einen der oberen Turmräume und ersetzte es durch eine Glastür. Seither blickt man von außen in einen freundlich einladenden Raum. Von innen genießt man den freien Blick auf die Fassaden der Rheinstraße, auf Autos und Passanten entlang des Kaiser-Friedrich-Rings. 180.000 Euro kostete die Auffrischung. Architekt und Bauleiter war der Wiesbadener Reinhold Hytrek.

Pfarrer Sunny Panitz nennt den Raum die Schnittstelle „zwischen Ringkirche und Welt". Panitz diente der Ringkirchengemeinde 17 Jahre lang als Pfarrer, fast ebenso lange war er stellvertretender Dekan. 15 Jahre hat er den Seniorenkreis geleitet.

In den Turm verbannt: das schmiedeeiserne Gittertor (links) aus dem Jahr 1894.

Zum Jubiläum servierten Mitglieder der äthiopischen Gemeinde afrikanische Köstlichkeiten, darunter das Nationalgericht Injera, gesäuertes Fladenbrot aus Teffmehl. Zur Festwoche eröffnete man die Ausstellung „110 Jahre Dom der kleinen Leute", von Pfarrer Ralf-Andreas Gmelin kuratiert.

Die Jubiläumspredigt hielt die langjährige Pfarrerin der Kaiser-Wilhelm-Gedächtniskirche (1895) in Berlin, Sylvia von Kekule. Sie skizzierte die Nähe der beiden Architekten Johannes von Otzen und Franz Schwechten (1841 – 1924), dem Erbauer der Gedächtniskirche. Beide Kirchen im spätromanischen Stil stehen frei auf einem verkehrsumtosten Platz, beide Baukünstler lehrten an der Technischen Hochschule Charlottenburg.

Mit wilden Blitzen und brennenden Tüchern ging 2002 das Feuerspektakel „Sancto Petrolio" über die Bühne. Fackeln, Feuerwerke und kleine Explosionen illuminierten und verzauberten das Kirchenschiff. Dargeboten wurde die phantastische Geschichte des Feuers von der Schöpfung der Welt bis zu ihrem Untergang, einschließlich des brennenden Dornbuschs und des Feuerregens von Sodom und Gomorrha. Im September 2002 ging in sieben Gotteshäusern erstmals die „Nacht der Kirchen" nach Frankfurter Vorbild über die Bühne – mit rund 4.350 Besuchern. Von Anfang an dabei war die Ringkirche.

Rund 6.000 Jugendliche versammelten sich 2004 zum zweiten Jugendkirchentag der EKHN. Mit dem Radiosender YOU FM fanden an vier Tagen neben Open-Air-Gottesdiensten und Bibel-Workshops auch Promi-Talkrunden und Gute-Nacht-Cafés zum gemütlichen Plaudern statt. Seit 2009 kooperiert auch das Kulturzentrum Schlachthof mit der Ringkirche. Mehrere Klassik-, Pop- und Folkveranstaltungen finden jedes Jahr in der Ringkirche statt.

Ringkirche verzaubert: das Feuerspektakel Sancto Petrolio 2002.

Zum Gedenken an den 100. Geburtstag des Märtyrers Dietrich Bonhoeffer im Februar 2006 hatte Stadtjugendpfarrer Dr. Frank Löwe den nicht unumstrittenen „Fernsehpfarrer" und TV-Moderator Jürgen Fliege auf die Kanzel geholt. Die Ringkirche war bis auf den letzten Platz besetzt.

Kooperation mit dem Kulturzentrum Schlachthof: ausverkauftes Konzert mit Alexa Feser 2018.

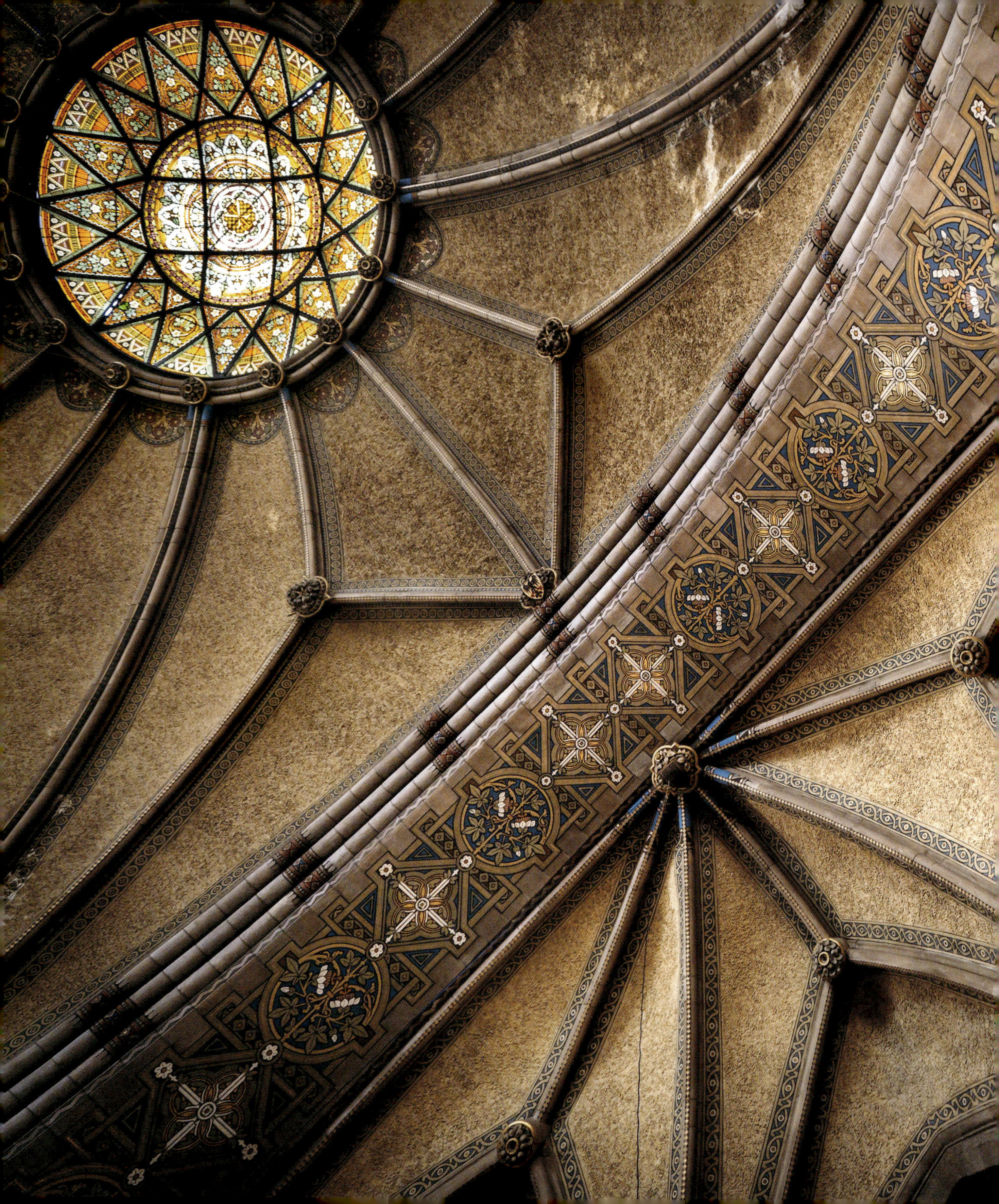

VII. Soli Deo Gloria. Die Kirchenmusik

Immer wieder herumlaboriert. Die Walcker-Orgel

Im September 1894 hatte die Spedition Rettenmeyer die Walcker-Orgel von Ludwigsburg nach Wiesbaden befördert. Gerade noch rechtzeitig zur Einweihungsfeier am 31. Oktober. Firmengründer Eberhardt Friedrich Walcker (1794 – 1872) war durch die Erfindung des pneumatischen Kegelladen-Prinzips und den Bau der Paulskirchenorgel in Frankfurt am Main 1842 zu Weltruhm gelangt. Der spätere Organist Ralf Sach bescheinigte der Orgel einen dunklen und mystischen Charakter, der idealtypisch für spätromantische Orgeln ist.

Die Klangfarben der Orgel entsprachen aber bald nicht mehr dem Zeitgeschmack. Unter dem Einfluss der von Albert Schweitzer geprägten Orgelbewegung zu Beginn des 20. Jahrhunderts hörte man auf einmal eine „Schwülstigkeit" des Klangs heraus. „Klarheit und Nüchternheit" nach barockem Vorbild kamen in Mode. Aber erst nach dem Zweiten Weltkrieg hatte die Gemeinde das Geld, um 1949 „einen gründlichen Klangumbau" vorzunehmen. Pfarrer Theodor Wissmüller, der Orgelrevisor der EKHN, pries das Ergebnis der umgebauten und ersetzten Pfeifenreihen: „Dadurch ist der breiige, romantische Klang völlig beseitigt und durch den klar singenden Ton ersetzt worden, den wir heute brauchen."

1955 eingebaut: das Rückpositiv an der Westempore.

Schaltzentrale des Organisten: der Spieltisch von 1955.

Der Organist Ralf Sach widersprach dieser Einschätzung später jedoch vehement: „Den Klangfarben-Reichtum dezimierte man durch die Entfernung sämtlicher Streicherstimmen. Die Orgel wurde dadurch dramatisch ihres Charmes beraubt."

Links: Verspielte Formen: Kreuzrippen, Wappen und Symbole.

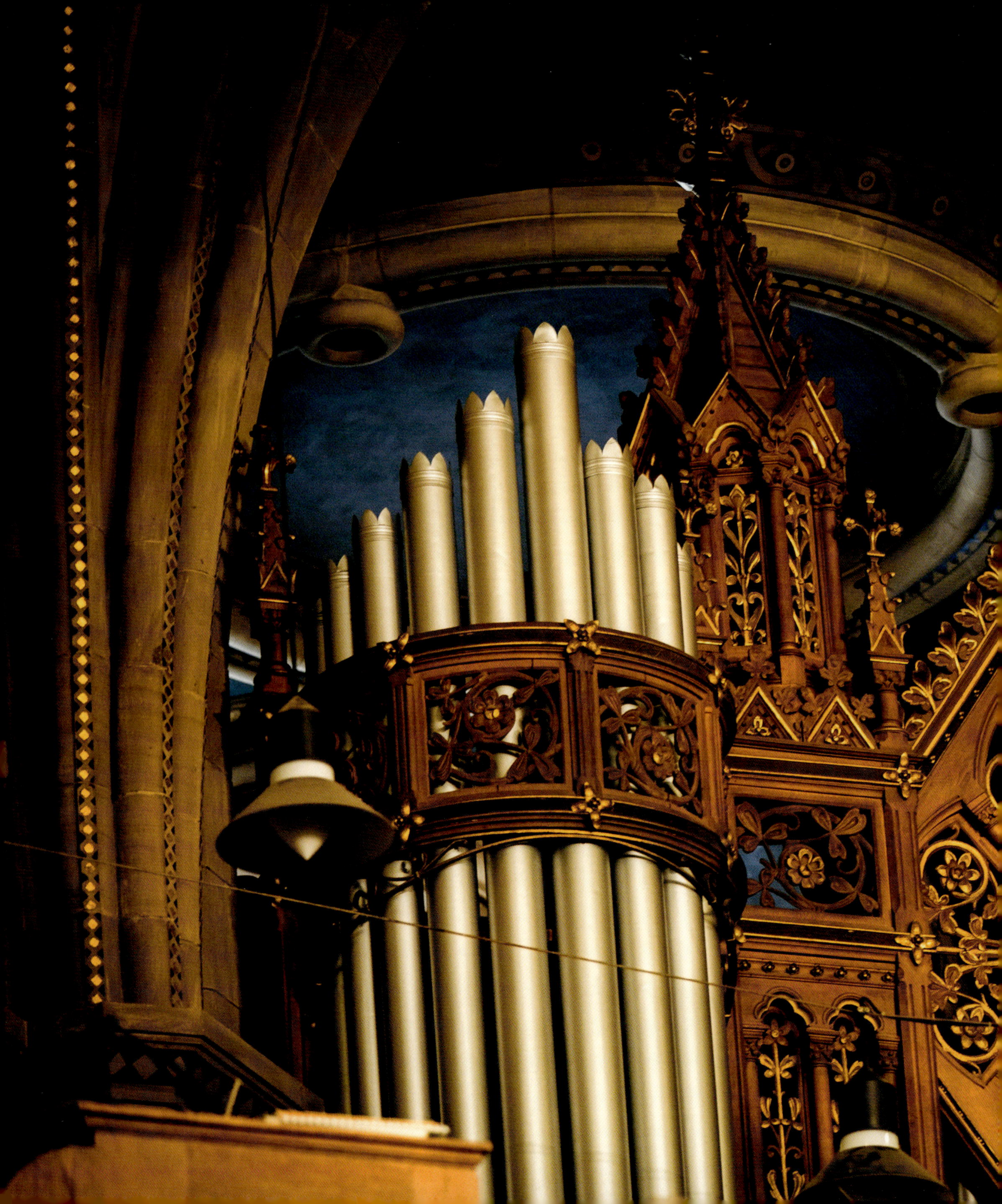

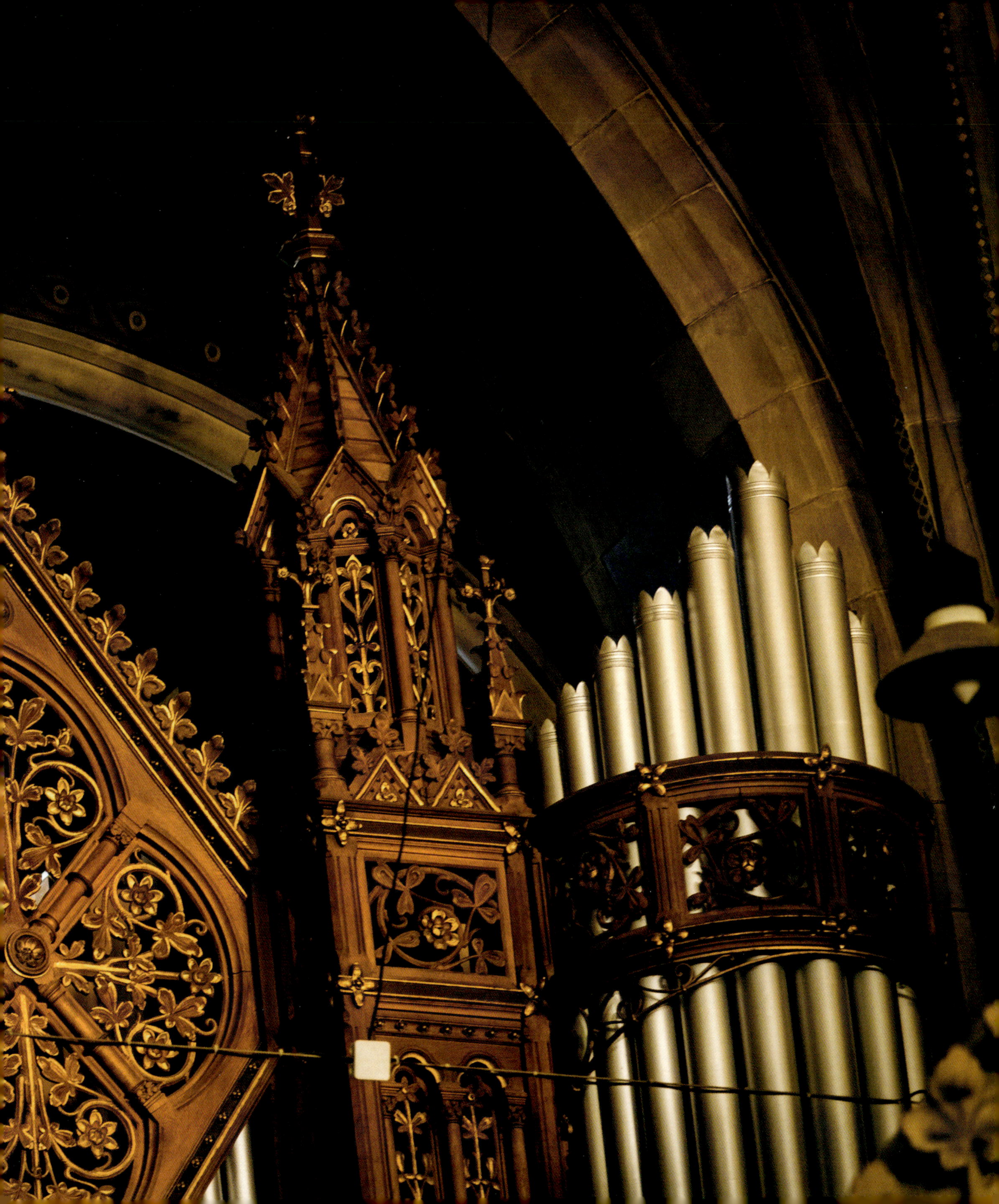

Spätromantische Klänge.
Walcker-Stadt Wiesbaden

1955 baute die Firma Steinmeyer an der Brüstung der Westempore ein Rückpositiv mit 560 neuen Orgelpfeifen ein. Das erforderte die Elektrifizierung der Hauptorgel und machte einen neuen Spieltisch notwendig. Nebenbei sei bemerkt: Wiesbaden ist ein deutsches Walcker-Zentrum. In der Stadt gibt es noch sechs weitere Orgeln aus verschiedenen Entwicklungsphasen der Ludwigsburger Firma, wenn auch nicht alle im Originalzustand erhalten sind: in der Evangelischen Hauptkirche (1882) im Stadtteil Biebrich, in der dortigen Oranier-Gedächtniskirche (1905), in der Lutherkirche (1911) und in der Stephanuskirche (1931). Auch die erste Orgel der Bergkirche (1879) war von Walcker, ebenso die ursprüngliche Orgel der Marktkirche (1863). Die Walcker-Orgel in der Aula des Lyzeums am Schloßplatz (1910) wurde im Februar 1945 durch Bomben zerstört.

Tollkühne Ideen.
Zum Glück nicht verwirklicht

In den 1960er Jahren entdeckte man an der Orgel „große Mängel". Der Klang habe einen zu weiten Weg zum Kirchenraum, gelange viel zu spät in die Ohren der Gottesdienstbesucher, monierte Kantor Wolfgang Fröhlich 1966. Der Organist habe keinen Blickkontakt mit dem Pfarrer, die hinter dem Kanzelgiebel versteckten Chorsänger könnten nicht wirklich am Gottesdienst teilnehmen. Ergo: Die Orgel müsse auf die Westempore versetzt werden. Das Projekt wurde durch einen Gutachter, Professor Reinhardt Menger, mit einem vernichtenden Urteil gestoppt. Das Instrument wäre seiner wertvollen Originalität beraubt worden. 1996 erwog der Kirchenvorstand die Anschaffung einer zweiten Orgel. Man hatte das Beispiel der Lutherkirche vor Augen. Auch dieser Plan wurde fallen gelassen.

Wieder „reinrassig spätromantisch".
Im Schwäbischen restauriert.

Vorhergehende Doppelseite: Ein Werk der Gebrüder Neugebauer: der Orgelprospekt.

Die Umbauten hatten zu einem „ambivalenten Sammelsurium aus Spätromantik und Neobarock" geführt. In der Ära des Organisten Ralf Sach verebbten die Debatten um weitere Übergriffe auf das Walcker-Original. Sach wollte die Orgel wieder wie 1894 erklingen lassen. Sein Nachfolger Hans Kielblock verfolgte das Anliegen weiter. Er warb um Spenden und Patenschaften für die Orgelpfeifen.

Im Oktober 2015 erfolgte der Transport zur Orgelbaufirma Lenter in Sachsenheim, Landkreis Ludwigsburg. Tausende Bälgchen aus feinem, hellem Schafsleder, die das Ventil hochdrücken und die Luft freigeben – die von Walcker erfundene pneumatische Kegellade – waren neu zu beziehen.

Im September 2016 kürte die Stiftung Orgelklang das Ringkircheninstrument zur Orgel des Monats und förderte sie mit 4.000 Euro. Indessen schwärmte Orgelbaumeister Gerhard Lenter nicht ohne Stolz vom gelungenen Werk: Die Walcker-Orgel klingt wieder „reinrassig spätromantisch". 290.000 Euro hatte die Restaurierung gekostet.

Beste Orgelfreunde: Gerhard Lenter (links) und Organist Hans Kielblock.

Überall ist Bethlehem.
Die Tradition der Krippenspiele

Kantor und Organist Wolfgang Fröhlich formte seine Sängerinnen und Sänger in den 1960er Jahren zu einer der bedeutenden Kantoreien der Stadt und führte mit ihnen viele große Oratorien auf. Sein Nachfolger Burkhard Mohr rief Ende der 1980er Jahre die Tage für neue Musik ins Leben, später wanderten sie mit ihm an die Kreuzkirche ab. Bei Eva Trobisch war die Ringkirche zeitweise Heimat für größere Blockflötengruppen. In ihrer Zeit begann auch die Zeit der Kindermusicals.

2001 begründete Ringkirchenpfarrer Ralf-Andreas Gmelin ein neues Format. Alle Jahre wieder schrieb er ein Krippenspiel, das zuerst Kantor Ralf Sach, von 2006 an dessen Nachfolger Hans Kielblock vertonte – mit modernen Kompositionen, kombiniert mit altvertrauten Weisen. Den Aufführungen geht wochenlange, intensive Kleinarbeit voraus, bevor an Heiligabendnachmittag rund 50 Kinder das Spiel mit dem Kind in der Krippe aufführen. „Überall ist Bethlehem", hieß es 2012. In vielen Familien gibt es erst nach dieser Aufführung die häusliche Bescherung.

*Folgende Doppelseite:
Überall ist Bethlehem: das Krippenspiel 2012.*

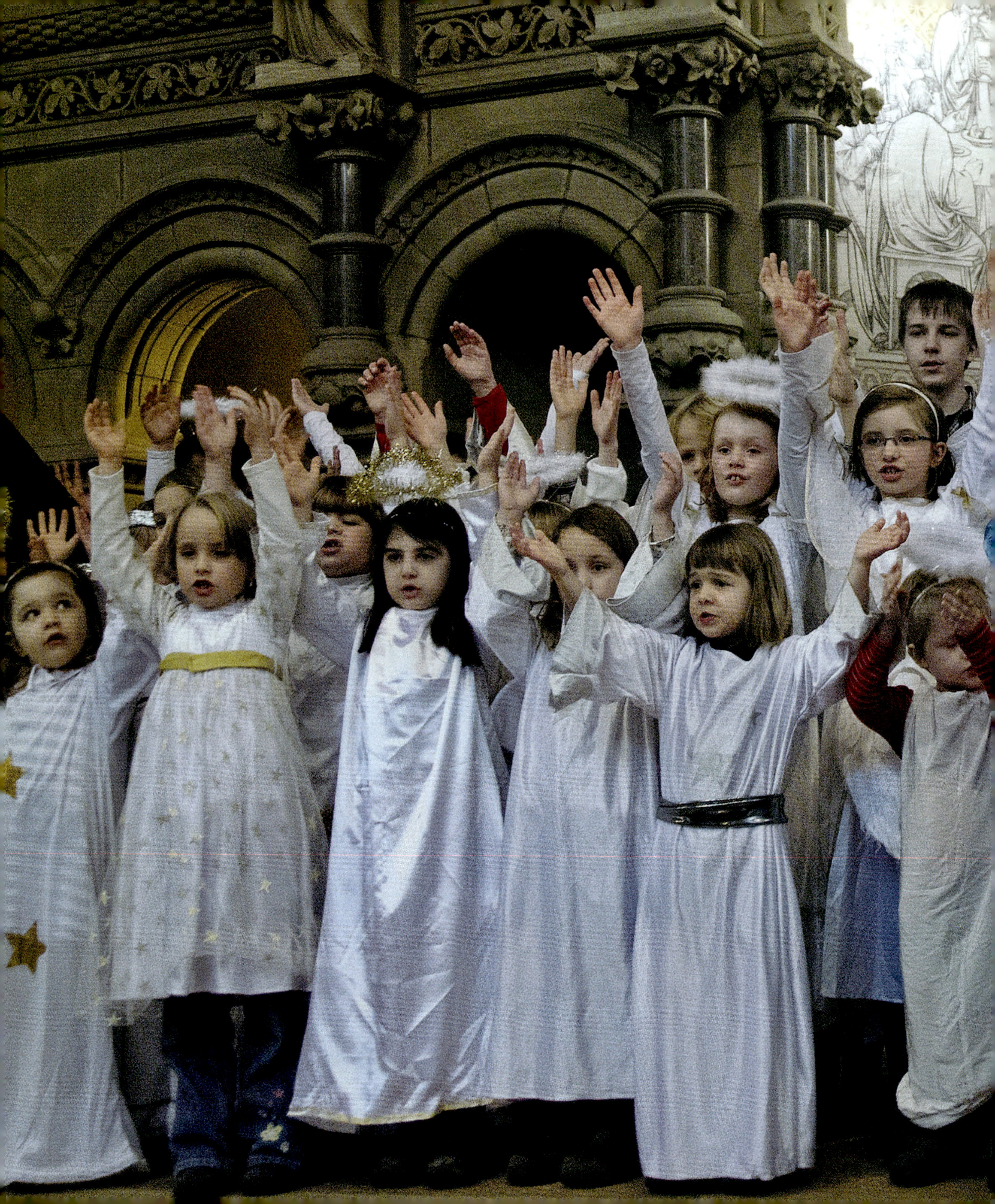

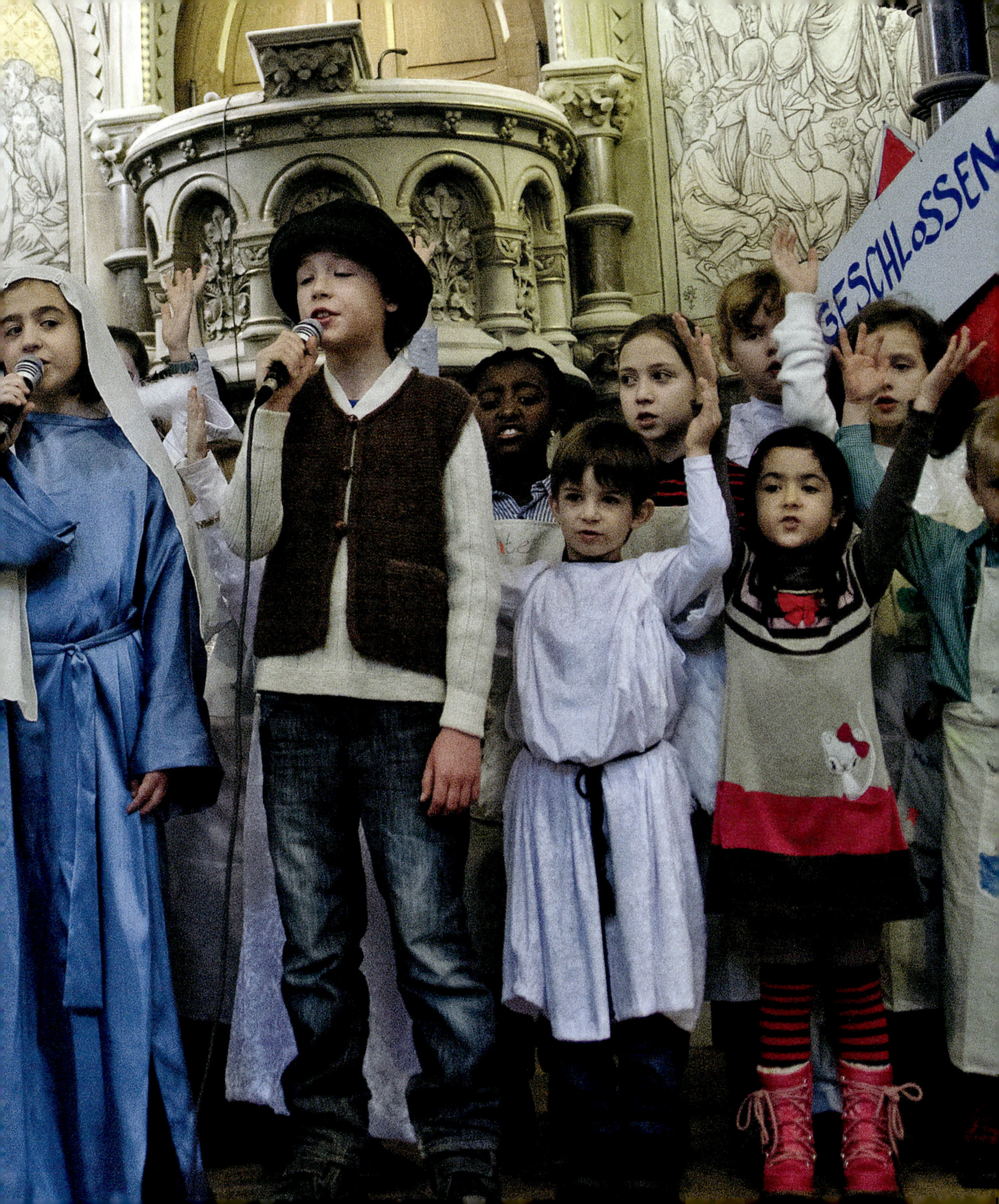
GESCHLoSSEN

Übergemeindlich und ökumenisch: die Seniorenkantorei bei der Probe.

Rühriger Chorleiter: Kantor und Organist Hans Kielblock.

Tradition und Moderne.
Werke von Bach bis zur Avantgarde

Tragende Säulen der Kirchenmusik sind neben der Orgel die Ringkirchenkantorei und die KirchenStreicher, Letztere von Hans Kielblock in seinem ersten Ringkirchenjahr 2006 gegründet. Streicher und Kantorei führen gemeinsam die großen Werke auf wie das Weihnachtsoratorium von Johann Sebastian Bach, Mozarts Requiem, Kantaten von Felix Mendelssohn Bartholdy, Werke von Georg Friedrich Händel. Auch weniger bekannte Musikstücke, wie von Georg Philipp Telemann oder Johann Gottlieb Graun, gehören zum Repertoire. Schließlich die Musik der Avantgarde, zu welcher der estnische Komponist Arvo Pärt und der Lette Pēteris Vasks zählen. Eine Mischung aus Tradition und Moderne wird gepflegt. Im Jubiläumsjahr 2019 führte man eine Messe von Michael Schütz auf, in der Chor, Streichorchester und eine Band zusammenwirkten. Dreimal waren KirchenStreicher und Kantorei auf Konzertreise in Burgund.

Tribut an die visualisierte Welt.
Die Kantorei singt heute vor dem Altar

2017 rief Hans Kielblock die übergemeindliche ökumenische Seniorenkantorei ins Leben, einen Chor von hohem Niveau, der die Bedürfnisse der 60- bis über 90-jährigen Sängerinnen und Sänger erfüllt. Die Seniorenkantorei erleichtert vielen den Abschied aus einem Wiesbadener Kirchenchor.

Sänger und Instrumentalisten treten heute vor dem Altar auf, obwohl die akustisch beste Position immer noch die Sängerbühne wäre. Denn die Ostkonche wirkt wie ein großer Schalldeckel. Aber ein versteckter Chor passt nicht mehr in eine visualisierte Welt. Hans Kielblock über seine Kirche: „Sie ist mit ihren über tausend Sitzplätzen riesig und lässt dennoch Intimität zu."

VIII. Neue Aufgaben. Gegenwart und Zukunft

Eine tiefe Zäsur. Das Datum 09/11

Die Attacken auf das World Trade Center in New York und das Pentagon in Washington am 11. September 2001 sollten die Weltordnung durcheinanderwirbeln. Gemeindesekretärin Petra Höhne kündigte den Schulen umgehend einen spontanen Gedenkgottesdienst an. Einen Tag später war die Ringkirche überfüllt mit fassungslosen jungen Menschen. Mit Pfarrer Gmelin gedachten sie des Grauens in stillem Gebet. Die Wiesbadener waren hin- und hergerissen zwischen dem Gefühl der Solidarität mit den Amerikanern und Zweifeln, ob die amerikanische Antwort mit dem Krieg gegen die Taliban in Afghanistan das richtige Rezept gegen den Terror sei. Die Ringkirche, die jeden Donnerstag zum Friedensgebet einlud, war auch in jenen unruhigen Tagen ein Ort der Kontemplation. Die katholische St. Bonifatiusgemeinde forderte ihre Mitglieder auf, die Ringkirche zu besuchen.

Im September 2002 startete erstmals die „Nacht der Kirchen" nach Frankfurter Vorbild – mit rund 4.350 Besuchern. Von Anfang an dabei war die Ringkirche.

Wahnsinnsverkehr. Viel zu viele Stickoxide

Der Rhein-Main-Ballungsraum leidet seit Jahren unter überhöhten Feinstäuben und Stickoxiden. Nach einer EU-Richtlinie sind die Kommunen dafür verantwortlich, dass die Luftbelastung unter den Grenzwerten bleibt. Einer der Brennpunkte in Wiesbaden: der Verkehrsknoten Rhein-

Nacht der Kirchen: 2010 spielte eine kubanische Gruppe.

straße/Kaiser-Friedrich-Ring, den tagtäglich über 65.000 Autos passieren. Seit 1991 werden dort die Schadstoffwerte gemessen. Die zulässige Höchstgrenze von 40 Mikrogramm pro Kubikmeter Luft wird so gut wie immer überschritten.

Die autofreie Ringkirche wurde erstmals 2012 bei einem Verkehrswendefest verwirklicht. Wenigstens für einen Sonntagmorgen. 2018 spitzte sich die Lage zu, weil nach den Software-Manipulationen der deutschen Autohersteller auch in Wiesbaden ein Dieselfahrverbot drohte. Es wurde gerade noch einmal abgewendet. Doch den Appell aus dem Rathaus, mehr aufs Rad oder den Bus umzusteigen, befolgt bislang kaum einer.

Die Stephanusgemeinde gibt auf.
Rückkehr in den Schoß der Mutter

Die Gottesdienste in der Stephanusgemeinde waren zu Beginn des 21. Jahrhunderts von Jahr zu Jahr schlechter besucht. Zuletzt hatten sich auch keine Kandidaten mehr für die Wahl des Kirchenvorstands gefunden. In dieser misslichen Lage kehrte die Stephanusgemeinde 2013 in den Schoß der Mutter Ringkirche zurück. Eine Prozession, die Dekan Dr. Martin Mencke, die Ringkirchenpfarrer Dr. Sunny Panitz und Ralf-Andreas Gmelin sowie der neue Ringkirchenpfarrer Dr. Stefan Reder, ehemals Stephanus, anführten, war dabei der symbolträchtige Akt. Die Stephanuskirche ist seither als Stephanuszentrum das diakonische Herz der Gemeinde. Seit 1999 kümmert sich hier die Wiesbadener Tafel darum, dass Menschen mit geringem Einkommen satt werden. 3.000 Wiesbadener holen sich von dieser Stelle Brot, Obst und Gemüse.

Bewegende Trauerfeier.
Für Wolfgang Wilhelm Herber

Eine bewegende Trauerfeier für den viel zu früh verstorbenen SPD-Stadtrat Wolfgang Wilhelm Herber fand 2013 in der Ringkirche statt. Den Gottesdienst zelebrierte der stellvertretende Dekan Gerhard Müller, der Herber im Sterben begleitet hatte. Nachrufe sprachen Bürgermeister Arno Goßmann, Bundesministerin a. D. Heidemarie Wieczorek-Zeul und der Historiker Professor Dr. Peter Brandt, ein Sohn Willy Brandts, mit dem Herber eine jahrelange Freundschaft gepflegt hatte. Lokalpatriot „Wolli Nassovicus" war der Ringkirche auf vielfältige Weise verbunden: als Täufling und Konfirmand, als Sänger des Wiesbadener Knabenchors und als Stifter eines Fensters in der Vorhalle. In Wiesbaden hatte sich der Realschullehrer als Stadtführer einen Namen gemacht. 1982 organisierte er den alternativen Fastnachtsumzug „Lalü".

Neuer Glanz auf der Terrasse. 700.000 neue Pflastersteine verlegt

Jahrzehntelang ließ man die Terrasse um die Ringkirche verlottern. Die Geländer waren verrostet oder aus ihren Halterungen gefallen, kaputte Bodenplatten in Hohlräume abgesackt. Das verwahrloste, von wild wuchernden Bäumen und Büschen umsäumte Ambiente zog zuletzt eine Trinkerszene an, die für Ärger sorgte und bisweilen immer noch sorgt.

Im Herbst 2014 begannen endlich die ersten Restaurierungsarbeiten. Die schiefen Mauern des Sockels entlang der Straße An der Ringkirche wurden geradegerückt. 2016 wurden 700.000 neue Pflastersteine auf der westlichen Seite der Plattform verlegt. Gemeinde, Gesamtgemeinde und Landeskirche teilten sich die Kosten von mehr 280.000 Euro.

Von Wolfgang Herber gestiftet: Fenster in der Vorhalle.

Verratene Juden, verratener Glaube.
Bekenntnis zur Schuld

2014 gedachte die Ringkirchengemeinde ihrer getauften Juden, die sie nach der Einführung des Arierparagraphen in der Landeskirche ausgegrenzt und sich so an ihrer Ermordung mitschuldig gemacht hatte. Auf einer Gedenktafel in der Vorhalle steht:

Die Ringkirchengemeinde
hat ihre Mitglieder jüdischer Herkunft nicht verteidigt, nachdem die Evangelische Landeskirche Nassau-Hessen sie 1942 aus der Kirche ausgeschlossen hatte.

Jahrzehnte nach ihrem Tod gedenken wir ihrer und all derer, von denen kein Name mehr zeugt.

Dr. Alexander Bayerthal, 1943, Tod in Haft
Dr. Erich Frankl, Tod in Lublin, Majdanek oder Sobibor
Elli Frankl, geb. Schachtel, Tod in Lublin, Majdanek oder Sobibor
Werner Ganz, Tod in Majdanek

Rudolf Ganz, Schicksal unbekannt
Martha Hoff, geb. Fränkel, 1942 Tod in Sobibor
Elisabeth Kühl, geb. Ganz, 1942 Tod in Auschwitz
Yvonne Wiegand, geb. Kassel, Tod in Sobibor
Julie Wiemer, geb. Klein, 1943 Tod in Auschwitz
Wir erkennen die doppelte Schuld von Christen, die Menschlichkeit verraten
und die Taufe nicht ernst genommen zu haben.

12 Quadratmeter.
Symbol für Obdachlosigkeit

Das Projekt „12 Quadratmeter Zuhause" wurde im Advent 2018 mit einem Agape-Gottesdienst eröffnet. Viele Wiesbadener haben danach den Container besucht, der symbolisch auf die Situation Obdachloser aufmerksam machen sollte. Er war mit Betten und Mat-

12 Quadratmeter: der Container für Obdachlose.

ratzen ausgestattet und stand während des Winters Obdachlosen zum Aufwärmen und Übernachten zur Verfügung. Bis zu vier Wohnsitzlose fanden hier jeweils eine nächtliche Bleibe. Acht bis zehn Menschen schliefen im Winter 2018/19 in Wiesbaden im Freien. Tagsüber haben Wiesbadens Wohnsitzlose unter der Woche in der Teestube der Diakonie in der Dotzheimer Straße eine Anlaufstelle.

Ringkirche im Jubiläumsjahr.
Ausstellung und Predigten

Zu Beginn des Jubiläumsjahres 2019 wurde – von Ralf-Andreas Gmelin kuratiert – die Ausstellung „Gemeinde in bewegter Zeit" eröffnet. Dem Betrachter präsentiert sich ein Streifzug durch 125 Jahre, mit dem die vielfältigen Verflechtungen der Gemeinde mit den Zeitläuften sichtbar werden. Jeden Monat gab es einen Jubiläumsgottesdienst zu einem Abschnitt der Ringkirchenhistorie. Als Predigerin für den Festgottesdienst konnte Bundesministerin a. D. Heidemarie Wieczorek-Zeul (SPD) gewonnen werden.

Im März führte Dekan Dr. Martin Mencke die neue Pfarrerin Margarete Geißler in einem feierlichen Gottesdienst mit der Ringkirchenkantorei und den KirchenStreichern unter der Leitung von Hans Kielblock ein. Die Tochter des Lutherkirchenpfarrers Dr. Hermann Otto Geißler, des Lehrpfarrers von Ralf-Andreas Gmelin, stellt auf diese Weise ganz familiär die Verbundenheit der „Tochter" Lutherkirche mit der Ringkirche her.

Gelebte Toleranz.
Bunte Vielfalt in der Kita

Im 125. Jubiläumsjahr kommen viele Kinder aus Marokko und anderen Ländern Nordafrikas in die Kita der Ringkirche. Von den rund 90 Kindern ist nur noch ein kleiner Teil evangelisch. Christlicher Geist, sagt Pfarrer Gmelin, weht hier gleichwohl im Sinne der Erziehung zur Nächstenliebe. Dabei fühlt sich die Kita auch den Grundsätzen der italienischen Reformpädagogin Maria Montessori verpflichtet: „Hilf mir, es selbst zu tun, zeig mir, wie es geht", ist einer der Grundsätze. Christliche Feste und Jahrestage werden besprochen und gefeiert. Auch die muslimischen Kinder machen mit. Aber nicht alle besuchen die Gottesdienste in der Ringkirche. Und keiner versucht, die Muslime zu missionieren und sie von ihrem Glauben abzubringen.

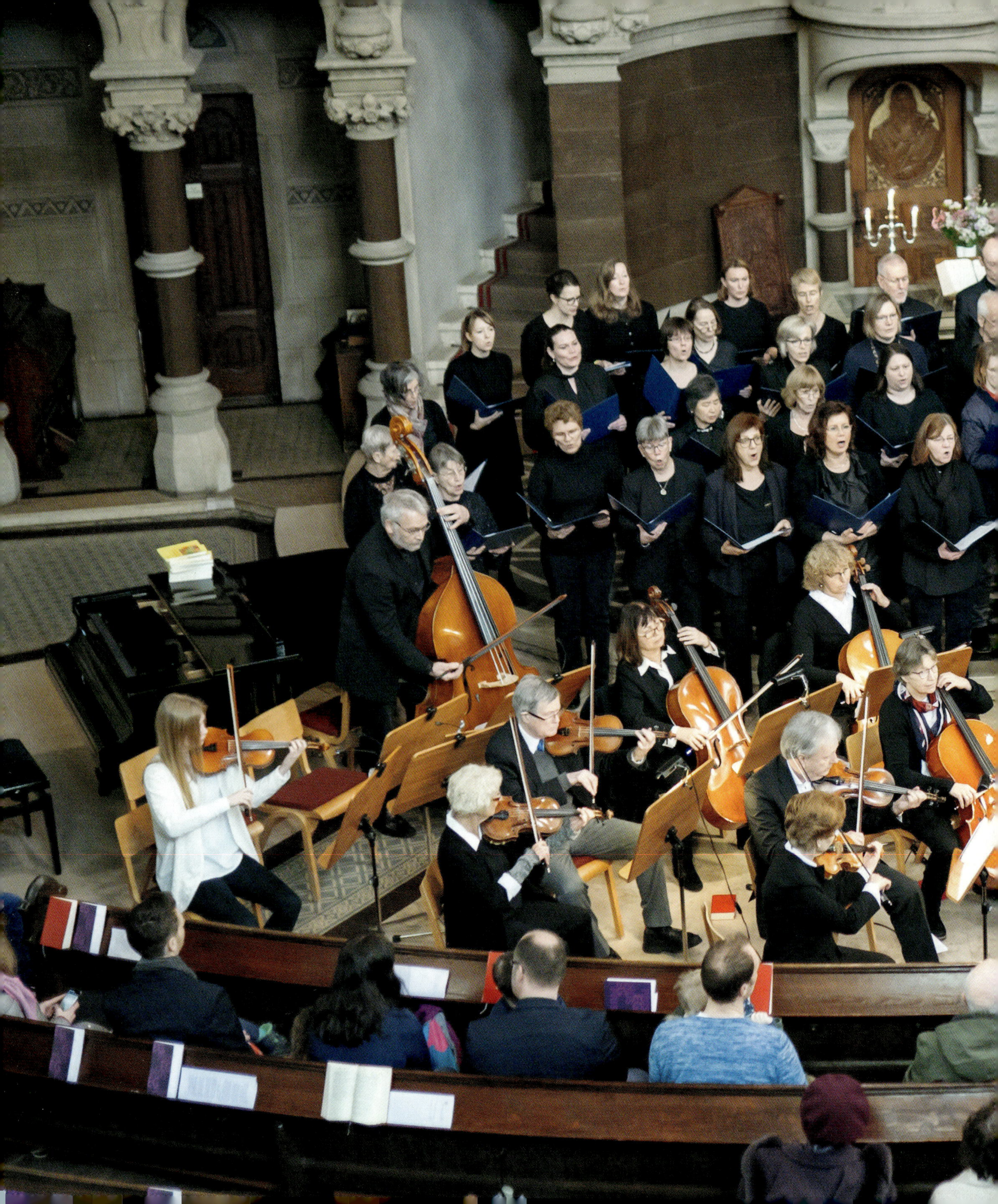

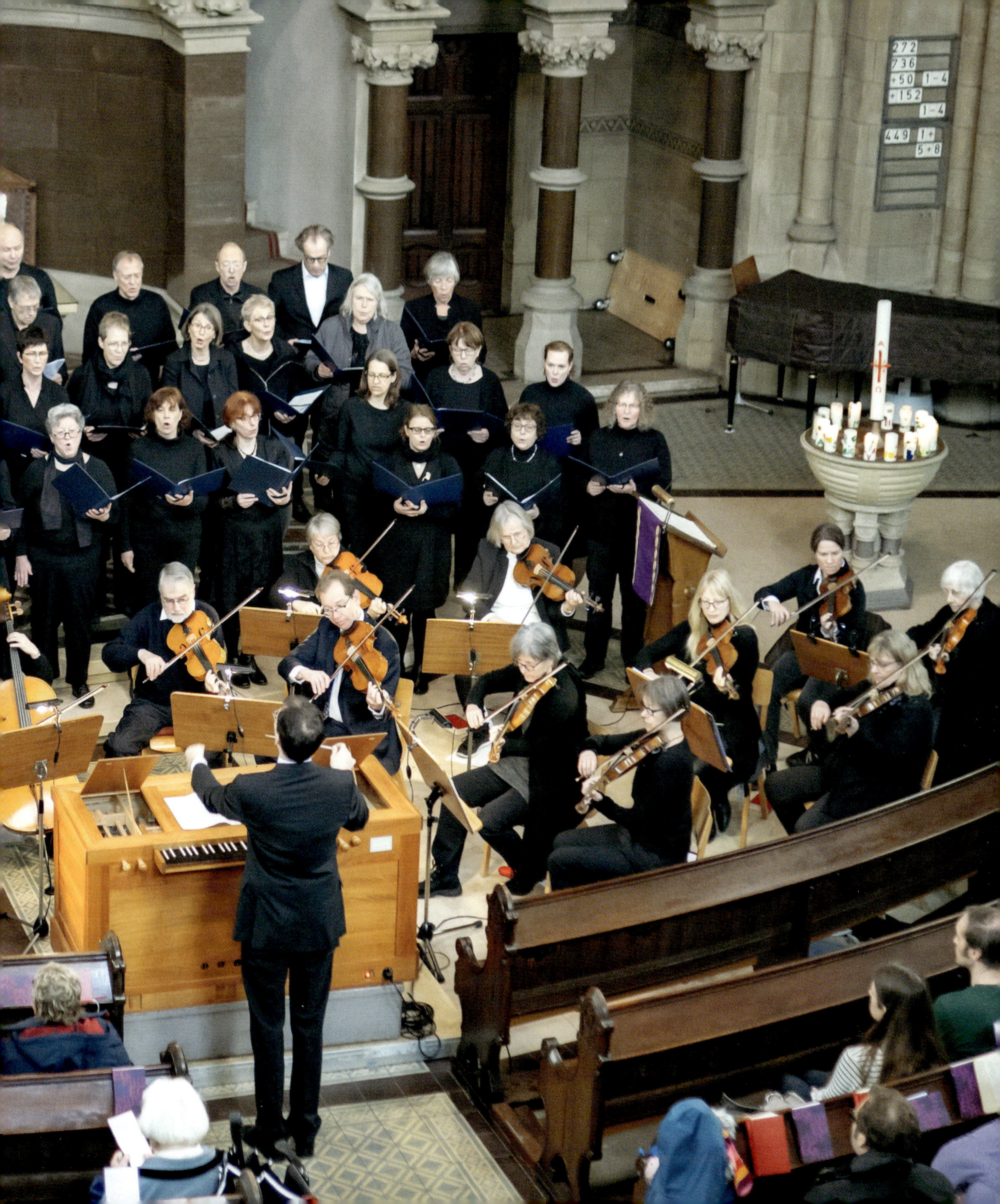
272
736
+50 1-4
+152
1-4
449 1+
5+8

Vorhergehende Doppelseite: Feierlicher Gottesdienst: mit dem Ringkirchenchor und den KirchenStreichern.

„Miteinander sprechen – einander verstehen", lautet der Leitsatz der Kita. Vorurteile werden abgebaut, interkulturelle Erfahrungen gesammelt – im Elementarbereich wie in der Krippe. Die Kinder werden in ihrer sprachlichen Entwicklung gefördert und lernen, unterschiedliche Sprachen, Kulturen und Religionen zu verarbeiten.

Gegenwart und Zukunft. Gemeinde vielfach aktiv

Die Ringkirchengemeinde betätigt sich im Jubiläumsjahr auf vielen Feldern – von Kindergruppen über Seniorenkreise bis zu Gesprächskreisen zu Glaubensfragen und Bibelthemen. Dabei birgt die Gemeinde Raum für eine Vielfalt von Glaubensvorstellungen. Die Gemeindepädagogin Bettina Fuchs kümmert sich um die Kindergottesdienste, schult Mitarbeiter und ist in der Kita präsent. Die Gemeinde sieht sich immer noch in der Tradition der Diakonie, die der Frauenverein im Jahr 1894 begründet hat. Regelmäßig beteiligt man sich am „Frauenfrühstück" des Diakonischen Werkes und ermöglicht so Bedürftigen ein Frühstück in der Teestube. Den Gestrandeten in der Teestube gibt Dr. Ingrid Fröhlich kostenlos medizinische Hilfe. Flüchtlingen hat man schon Kirchenasyl gewährt. Schließlich spielt die Kirchenmusik eine bedeutende Rolle.

Auch die Bewahrung der Schöpfung hat man sich auf die Fahnen geschrieben. Heute mit leiseren Tönen als in den 1980er Jahren. Für den Frieden in der Welt betet die Gemeinde immer wieder. „Das Evangelium ist politisch", sagt die Vorsitzende des Kirchenvorstands Elke Flentge, und ihr Mitstreiter Dr. Thomas Schultz-Kru-

Kindergartenalltag 1957 ... und 2019.

tisch pflichtet ihr bei: „Unsere Fürbitten sind immer mit einem politischen Statement versehen." Das Engagement der Gemeinde ist heute aber mehr praktisch, weniger aufreizend und spaltend. Seit 2014 erscheint unter der Redaktion von Ralf-Andreas Gmelin zweimal jährlich das Gemeindeheft „mittendrin", das die Vielfalt des Gemeindelebens abbildet. Mit Gedanken über kirchliche Feiertage, Interviews, Terminkalender und anderen aktuellen Informationen.

Dass immer weniger Menschen den Weg in die Gottesdienste finden, hat viele Ursachen. Gewiss spielen auch die Zuwanderer aus aller Welt, vor allem aus Afrika und dem Nahen Osten, die anderen Religionen angehören, eine Rolle. Die Zahl der Kirchgänger schrumpft aber vor allem deshalb, weil immer mehr Menschen keine Bindung mehr an die Kirche verspüren und ihr den Rücken gekehrt haben.

Im Jubiläumsjahr zählte die Gemeinde noch 5.120 Mitglieder, davon 2.126 Frauen. 2018 waren stadtweit 23,1 Prozent der Wiesbadener evangelisch, 20,8 Prozent römisch-katholisch, 56 Prozent wurden unter Sonstige bzw. als keiner Religion zugehörig geführt. Unter ihnen sind geschätzt 13 Prozent Muslime.

Für Wiesbadens Dekan Dr. Martin Mencke bildet die Entwicklung der Ringkirchengemeinde nur den Trend in Deutschland ab. Mencke hält es für eine Herausforderung der Zukunft, mit einem Spagat zwischen gewohnten und neuen Formaten den Trend zu stoppen und umzukehren. Er will „die Menschen unserer Zeit mitnehmen bei der guten Nachricht vom menschenfreundlichen Gott, für den diese wunderbare Kirche Zeugnis ablegt".

Schwindelnde Höhen: Treppe im Kirchturm.

Filigrane Architektur: Fenster, Decke und Schnitzereien.

131

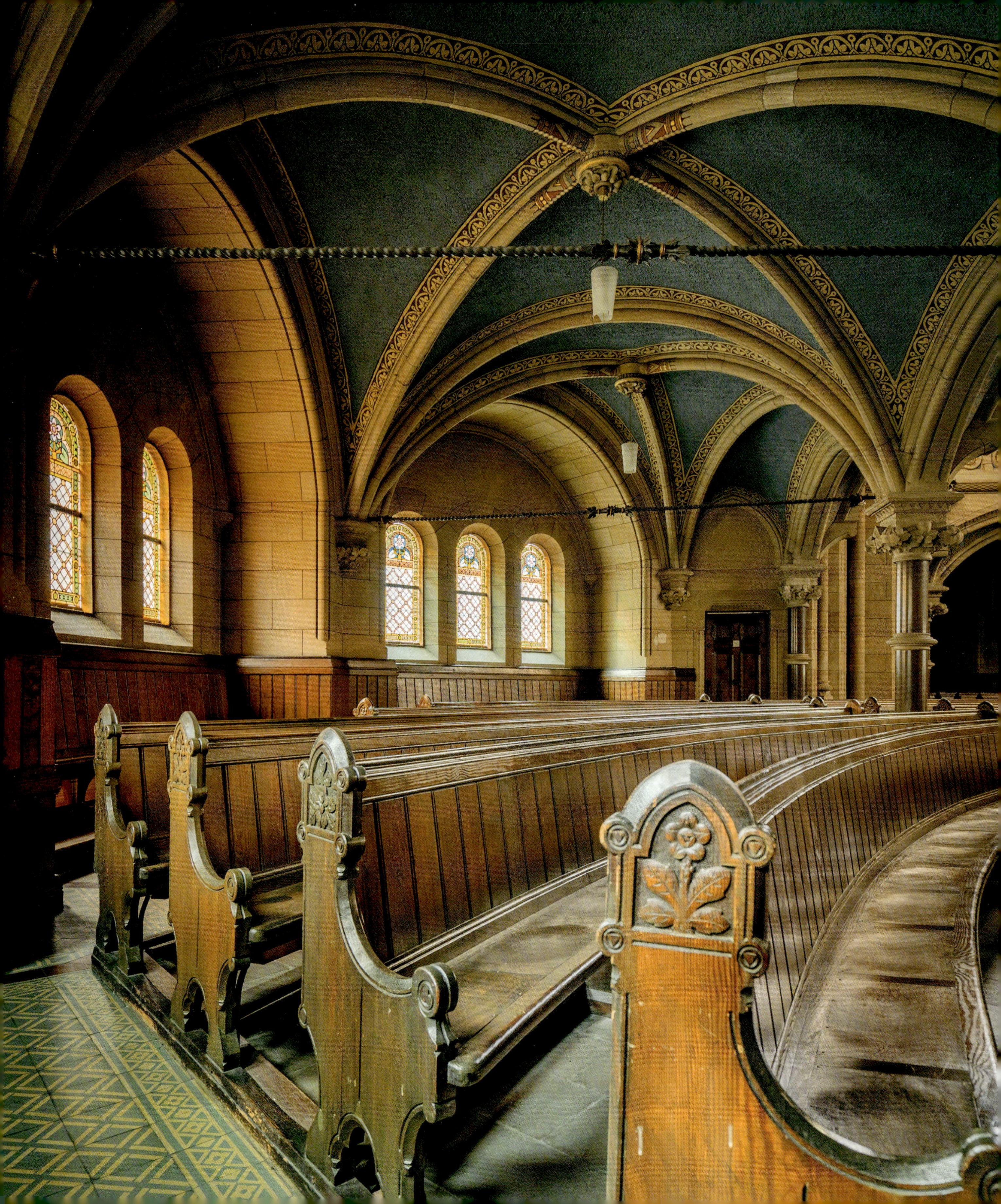

Vielseitige Ringkirchenpracht: Bänke, Bögen und Symbole.

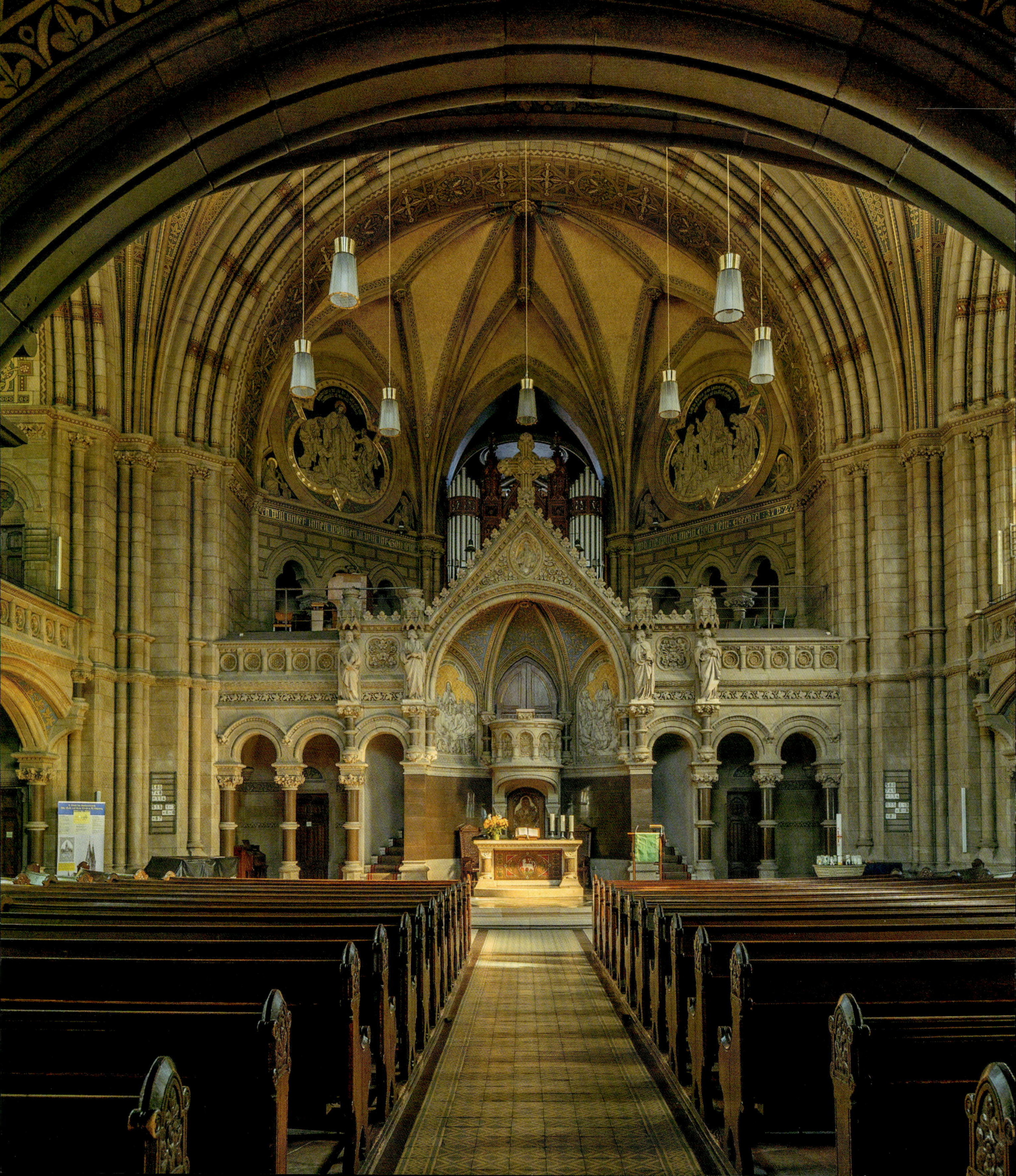

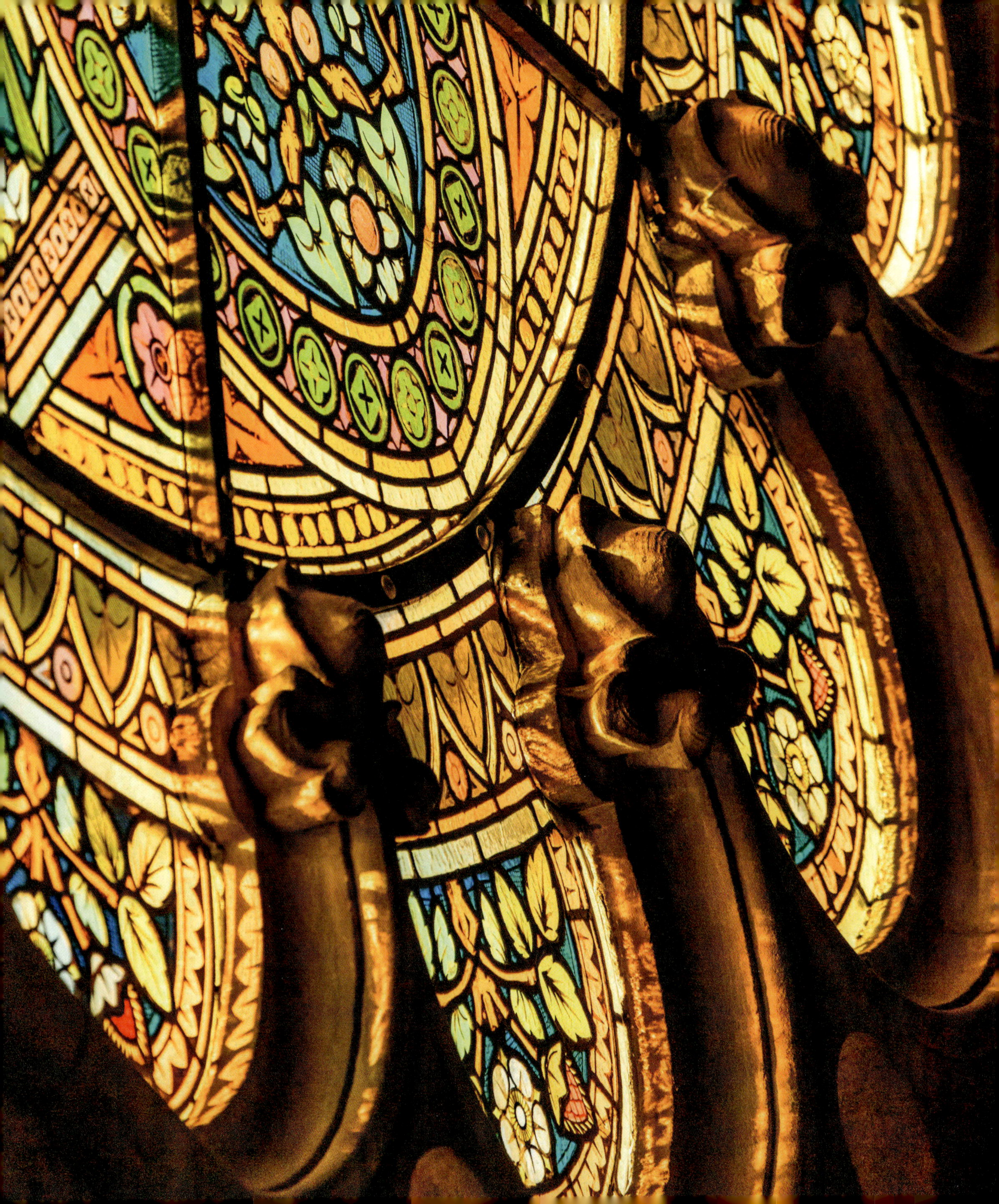

Vorhergehende Seiten: Warme Töne: Blick auf Kanzelwand und Ostkonche.

Chronik der Ringkirche

1892	Baubeginn
1893	Installation der Bronzeglocken aus Apolda, Thüringen
1894	Feierliche Einweihung der „Neukirche"
1895	Ringkirchenuhr installiert
1897	Besuch Kaiser Wilhelms II.
1898	Pfarrhaus An der Ringkirche 3 erbaut
1906	Offiziell „Ringkirche"
1914	Kleinkinderschule am Elsässer Platz
1917	Glocken und Orgelpfeifen für Waffen demontiert
1918	Waffenstillstand, Novemberrevolution, Wiesbaden französisch besetzt
1919	Wahl zur Nationalversammlung, Weimarer Verfassung
1920	Gussstahlglocken aus Bochum
1923	Krisenjahr, Inflation
1925	Die Briten lösen die Franzosen ab und bereiten der Gemeinde viel Kummer.
1930	Bau des Kindergartens Klarenthaler Straße
1931	Notkirche fertig, heute das Stephanuszentrum der Ringkirchengemeinde
1933	„Brauner Kirchentag" im Landeshaus
1934	Dr. Ernst Ludwig Dietrich wird nach dem „Führerprinzip" zum Landesbischof ernannt; Barmer Theologische Erklärung
1936	Dekan Mulot bricht ins Dotzheimer Pfarrhaus von Hermann Romberg ein. Neun BK-Pfarrer fordern die Absetzung Mulots.
1937	Martin Niemöller spricht kurz vor seiner Verhaftung in der Wiesbadener Ring- und der Marktkirche.
1945	Stuttgarter Schuldbekenntnis, Mulot vom Pfarrerdienst suspendiert
1948	Beginn der Spruchkammerverfahren gegen Mulot.
1952	Gottesdienste für Gehörlose mit Pfarrer Dr. Dr. Eugen Hildebrand
1954	„Traumhochzeit" der Schauspielerin Karin Dor mit dem Regisseur Harald Reinl
1955	Orgelrückpositiv an der Westempore
1960	Gründung des Wiesbadener Knabenchors durch Pfarrer Hugo Herrfurth
1966	Stephanusgemeinde gegründet

1981	Große Demonstration gegen die Frankfurter Startbahn West. Die Glocken der Ringkirche läuten, was eine heftige Kontroverse auslöst.
1988	Zwei Bauarbeiter sterben bei Renovierungsarbeiten.
1991	Studenten besetzen die Ringkirche aus Protest gegen den Golfkrieg.
1993	Lesung mit Ernesto Cardenal
1998	Ungedeihlichkeitsverfahren gegen zwei Pfarrer. Sie müssen die Ringkirche verlassen.
2003	Die Ringkirche wird deutsches Nationaldenkmal. Beginn der großen Renovierung. Die äthiopisch-orthodoxe Gemeinde wird ökumenischer Partner.
2004	Gläserner Eingang zur Reformatorenhalle
2009	Renovierung abgeschlossen
2013	Die Stephanusgemeinde kehrt zur Ringkirche zurück.
2014	Gedenken an den Verrat an den getauften Juden
2016	Der Westteil der Terrasse wird neu gepflastert.
2019	Feierlichkeiten zum 125. Jubiläum

Die Pfarrer der Ringkirche

1894 – 1909	Lothar Friedrich
1894 – 1908	Karl Lieber
1895 – 1907	Julius Risch
1907 – 1927	D. Heinrich Schlosser
1908 – 1928	August Merz
1910 – 1933	Fritz Philippi
1912 – 1918	Karl Veidt
1918 – 1928	D. Martin Schmidt
1927 – 1930	Karl Schmidt
1928 – 1934	Lic. Heinrich Peter
1928 – 1950	Wilhelm Hahn
1930 – 1945	Walter Mulot
1933 – 1965	Wilhelm Merten
1947 – 1951	Karl Linke
1949 – 1952	Dr. Detloff Klatt

1951 – 1965	Dr. Hugo Herrfurth
1952 – 1977	Dr. Dr. Eugen Hildebrand
1959 – 1964	Karl Ernst Stumpf
1965 – 1975	Karl Heinz Becker
1966 – 1988	Adolf Reinel
1977 – 1982	Wolfgang Raddatz
1978 – 1994	Dr. Friedemann Oettinger
1985 - 1998	Albert Kratz
1988 – 1993	Friedrich Wilhelm Siebert
1995 – 1997	Manfred Löhde
1996 – 1998	Sabine Emde
1998 – 2000	Bernd Tillmann
2000 – 2018	Dr. Sunny Panitz
Seit 2001	Ralf-Andreas Gmelin
Seit 2013	Dr. Stefan Reder
Seit 2019	Margarete Geißler

Organisten und Kantoren

1894 – 1920	Karl Schauß
1920 – 1937	Heinrich Würges
1937 – 1961	Wilhelm Möller
1961 – 1987	Wolfgang Fröhlich
1987 – 1990	Burkhard Mohr
1990 – 1998	Eva Trobisch
2000 – 2005	Ralf Sach
Seit 2006	Hans Kielblock

Benutzte Literatur, chronologisch geordnet

Emil Veesenmeyer. *Der Kirchenbau des Protestantismus und das so genannte Wiesbadener Programm.* In: Evangelisches Gemeindeblatt Dillenburg. Neun Teile, ab Nr. 15, Jahrgang 1895.

Dr. Heinrich Schlosser. *Festschrift zum Jubiläum der Ringkirche.* Wiesbaden 1919. 2006 neu herausgegeben und kommentiert von Ralf-Andreas Gmelin unter dem Titel „Schlichtheit, Einfachheit und Monumentalität. Wie die Ringkirche gebaut wurde und ihre ersten Jahrzehnte."

Willi Merten. *Die kirchlichen Vorgänge 1933 – 1945.* Unveröffentlichtes Typoskript im Stadtarchiv. Wiesbaden 1961.

Herbert Müller-Werth. *Geschichte und Kommunalpolitik der Stadt Wiesbaden.* Wiesbaden 1963.

Volker Fabricius. *Pfarrer Romberg und der Kampf der Bekennenden Kirche in Dotzheim.* Wiesbaden 1988. Hrsg. Heimat- und Verschönerungsverein Dotzheim.

Berthold Bubner. *Wiesbaden. Baudenkmale und Historische Stätten.* Wiesbaden 1993.

Horst Goschke. *Hollywood am Kochbrunnen.* Wiesbaden 1995.

Stefan G. Wolf. *Kirchen in Wiesbaden. Gotteshäuser und religiöses Leben in Geschichte und Gegenwart.* Edition 6065. Wiesbaden 1997.

Margrit Spiegel. *Wiesbadener Firmenbriefköpfe aus der Kaiserzeit.* Wiesbaden 2003.

Kurt Buchholz. *Wiesbadener Denkmäler.* Wiesbaden 2004.

Ralf Sach. *Chronik der Ringkirchen-Orgel (1894 – 2004).* Unveröffentlichtes Typoskript. Wiesbaden 2004.

Siegrid Russ (Hrsg.). *Denkmaltopografie Bundesrepublik Deutschland. Kulturdenkmäler in Hessen Wiesbaden I.1. Historisches Fünfeck.* Wiesbaden 2005.

Siegrid Russ (Hrsg.). *Wiesbaden I.2. Stadterweiterungen innerhalb der Ringstraße.* Wiesbaden 2005.

Siegrid Russ (Hrsg.). *Wiesbaden I.3. Stadterweiterungen außerhalb der Ringstraße.* Wiesbaden 2005.

Gottfried Kiesow. *Das verkannte Jahrhundert. Der Historismus am Beispiel Wiesbadens.* Bonn 2005.

Gottfried Kiesow. *Architekturführer Wiesbaden. Die Stadt des Historismus.* Bonn 2006.

Wilfried Schüler. *Das Herzogtum Nassau 1806 – 1866. Deutsche Geschichte im Kleinformat.* Historische Kommission für Nassau. Wiesbaden 2006.

Manfred Gerber. *Das Kurhaus Wiesbaden. Kaleidoskop eines Jahrhunderts.* Monumente Verlag der Deutschen Stiftung Denkmalschutz. Bonn 2007.

Georg Dehio. *Handbuch der deutschen Kunstdenkmäler.* Hessen II. Der Regierungsbezirk Darmstadt. München 2008.

Ralf-Andreas Gmelin. *Der Dom der Kleinen Leute. Ein Ringkirchenführer.* 3. Auflage. Wiesbaden 2008.

Bernd-Michael Neese. *Der Kaiser kommt! Wilhelm I. und Wilhelm II. in Wiesbaden.* Wiesbaden 2010.

Handbuch der deutschen evangelischen Kirchen 1918 bis 1949. Bearbeitet von: **Carsten Nicolaisen und Ruth Pabst.** Göttingen, 2010.

Festschrift zum 50-jährigen Jubiläum des Wiesbadener Knabenchors. Wiesbaden 2010.

Manfred Gerber, Friedrich Windolf. *Ein' feste Burg ist unser Gott. Die Wiesbadener Lutherkirche – ein Juwel des Jugendstils.* Frankfurt 2011.

Hermann Otto Geißler. *Lic. Dr. Ernst Ludwig Dietrich. (1897 – 1977), Liberaler Theologe in der Entscheidung, Evangelischer Pfarrer, Landesbischof von Nassau-Hessen 1934 – 1935/1945.* Dissertation an der Johann-Wolfgang-von-Goethe-Universität Frankfurt. Darmstadt 2011.

Peter Genz. *Das Wiesbadener Programm. Johannes Otzen und die Geschichte eines Kirchenbautyps zwischen 1891 und 1930.* Kiel 2011.

Hermann Otto Geißler. *Die Auswirkungen des „Kirchenkampfs" in den Wiesbadener Gemeinden.* Stichpunkte für eine Podiumsdiskussion am 8. Februar 2012 im Friedrich-Naumann-Saal der Marktkirchengemeinde.

Christa Reich. Predigt zur Reihe „Wiesbaden im Kirchenkampf", gehalten am 25. März 2012 in der Lutherkirche zu Wiesbaden.

70 Jahre Ausschluss getaufter Juden vom Abendmahl. Vortrag in der Reihe „Wiesbaden im Kirchenkampf" von EKHN-Präses **Dr. Ulrich Oelschläger**, gehalten am 1. April 2012 in der Wiesbadener Bergkirche.

Wahrheit und Bekenntnis. Kirchenkampf in Wiesbaden 1933 – 1945. Darin: **Ralf-Andreas Gmelin.** *Propst Heinrich Peter.* **Hermann Otto Geißler.** *Biogramme der im Kirchenkampf (1933 – 1945) in Wiesbadener Gemeinden hervorgetretenen Personen.* **Volker Jung.** *Predigt in der Wiesbadener Ringkirche.* Wiesbaden 2014.

Die Geburt der Ringkirche. Ideen, Kommissions-Protokolle, Briefe von Otzen, Veesenmeyer, Behördenvertretern, Planskizzen ab 1890. Quellen in chronologischer Folge. Gesichtet, transkribiert und bearbeitet von **Ralf-Andreas Gmelin.** Unveröffentlichtes Typoskript. Wiesbaden 2014/15.

Manfred Gerber/Axel Sawert. *Die Wiesbadener Bergkirche.* Wahrzeichen eines Viertels. Frankfurt 2016.

Hans Kielblock u. a. *Die Walcker-Orgel in der Ringkirche 1894 – 2016.* Wiesbaden 2016

Ralf-Andreas Gmelin. *Gott, Natur und Tintenfinger. Fritz Philippi, ein Wiesbadener Pfarrer, Dichter und Journalist. Gedanken und Geschichten aus der Zeit um den Ersten Weltkrieg.* Books on Demand. Norderstedt 2017.

Ralf-Andreas Gmelin (Hrsg.). *Gott, Natur und Tintenfinger. Bd. 2. Fritz Philippi, eine intellektuelle Existenz im Spiegel literarischer Arbeiten.* Books on Demand. Norderstedt 2017.

Handbuch der deutschen evangelischen Kirchen 1918 bis 1949. Bd. 2. Landes- und Provinzialkirchen. Göttingen 2017.

Hendrik Schmehl. *Die Kurstadt Wiesbaden im Ersten Weltkrieg.* Sonderdruck der Nassauischen Annalen. Wiesbaden 2019.

Quellen

Archiv der Ringkirchengemeinde
Archiv der Marktkirchengemeinde
Archiv der Bergkirchengemeinde
Archiv der Lutherkirchengemeinde
Stadtarchiv Wiesbaden
Archiv der Diakoniegemeinschaft Paulinenstift
Hessisches Hauptstaatsarchiv Wiesbaden
Zentralarchiv der EKHN, Darmstadt
Archiv der Verlagsgruppe Rhein-Main, Mainz
Jubiläumspredigten von Pfarrer Ralf-Andreas Gmelin und Pfarrer Dr. Stefan Reder
Wiesbadener Kurier
Wiesbadener Tagblatt
Wiesbadener Stadtlexikon
Landesgeschichtliches Informationssystem Hessen
Aus Religion und Gesellschaft. Sendungen des Deutschlandfunks 2019.

Herzlicher Dank

Elke Flentge, Ringkirchenvorstandsvorsitzende
Ralf-Andreas Gmelin, Ringkirchenpfarrer
Dr. Stefan Reder, Ringkirchenpfarrer
Dr. Sunny Panitz, Ringkirchenpfarrer 2000 bis 2018
Hans Kielblock, Kantor und Organist
Dr. Thomas Schultz-Krutisch, Mitglied des Kirchenvorstands
Petra Höhne, Gemeindesekretärin
Prof. Dr. Gerd Weiß, Präsident des hessischen Landesamtes für Denkmalpflege a. D.
Dr. Johann Zilien, Hessisches Hauptstaatsarchiv
Dres. Christiane und Hartmut Heinemann, Hessisches Hauptstaatsarchiv
Anja Schuhn, Georg Habs, Stadtarchiv Wiesbaden
Roman Twardy, künstlerischer Leiter des Wiesbadener Knabenchors
Kirsten Linne, Uta Portuné, VRM-Archiv Mainz
Maria Karl, Diakoniegemeinschaft Paulinenstift
Erich Dorn, ehemaliger Marktkirchenpfarrer, 1963 bis 1976 Vorsteher des Paulinenstifts

Elke Baade und Dr. Horst Jaeckel für die Korrekturen

Anke Hollingshaus für vielfältige Unterstützung

Dr. Ruth Huppert, ehemalige Leiterin der Evangelischen Stadtakademie, für theologiegeschichtliche Anregungen

Sabine Bickel vom Friedenstreff der 1980er Jahre

Jan-Karsten Meier, 1991 – 1996 Fraktionsvorsitzender der Wiesbadener Rathaus-Grünen und Aktiver im Friedenstreff an der Ringkirche

Martin Machenheimer, langjähriges Kirchenvorstandsmitglied, aktiv in der Patenschaft mit St. Nicolai Magdeburg

Dr. Dieter Lindheimer, ehemaliger Vikar an der Ringkirche

Ilka Gilbert-Rolke, Heike Beichert, Pressestelle Rathaus Wiesbaden

Hendrik Seipel-Rotter, Pressesprecher des Kulturzentrums Schlachthof

Dr. René Heinen vom Frankfurter Societätsverlag für die wunderbare Zusammenarbeit, ebenso dem Gestalter Bruno Dorn

Martin K. Reinel, Kirchenrat und Pfarrer, Sohn des Ringkirchenpfarrers Adolf Reinel

Dr. Roger Töpelmann, ehemaliger Pressesprecher des Dekanats und der Propstei Süd-Nassau

Uwe Stotz, Heiko Kubenka (†), Friedrich Windolf, Pressefotografen Wiesbadener Kurier/Tagblatt.

Ute Dieckhoff, Natalia Alekseeva, Zentralarchiv der EKHN

Ein besonderer Dank

Dieses Buch wäre zum 125. Jubiläum im Herbst 2019 nicht rechtzeitig zustande gekommen ohne die umfangreichen Vorarbeiten von Ringkirchenpfarrer Ralf-Andreas Gmelin. Ihm gebührt deshalb mein ganz besonderer Dank. Fast 20 Jahre lang hat er mit Spürsinn, Leidenschaft und Umsicht eine gewaltige Recherche-Arbeit geleistet, sämtliche Ringkirchen-Archivalien akribisch gesichtet, Quellen gesammelt, kritisch kommentiert und historisch eingeordnet, dazu viele Handschriften aufgespürt und transkribiert. Zum Teil war das erst nach der Restaurierung des Gesamtkirchenarchivs möglich, das jahrzehntelang im Gewölbe einer Marktkirchenkrypta vor sich hin moderte und 2011/12 im Hessischen Hauptstaatsarchiv fachgerecht gereinigt und restauriert wurde. Ralf-Andreas Gmelin stand mir beim Schreiben auch stets als theologie- und kirchengeschichtlicher Berater zur Seite. So ist dieses Buch ein Gemeinschaftswerk von Ralf-Andreas Gmelin, mir und vielen weiteren Zuarbeitern, die zum Gelingen des Buches beigetragen haben.

Wiesbaden, im Sommer 2019
Manfred Gerber

Fotonachweis

Axel Sawert: Umschlagbild, 6, 8, 13, 14, 17, 21, 24 (o.), 26 (o.), 27 (u. 4), 28, 29, 30/31, 32 (2), 33(2), 34/35, 36 (6), 37 (2), 38, 39, 40 (2), 41, , 46/47, 48 (u.), 49 (3), 50, 51 (3), 53 (o.), 54 (o.), 55 (2), 56 (6), 58, 68 (o.), 69 (2), 72 (u.), 74 (u.), 80 (o.), 88 (2), 94, 95, 98, 99, 100, 102 (u.), 106, 107 (2), 108, 109 (2), 110, 112, 113 (2), 114/115, 120 (2), 123, 125, 126/127, 129 (u.), 130, 131 (3), 132, 133 (2), 134, 135

Archiv der Ringkirchengemeinde: 7 (2), 9, 15 (u.), 16, 18, 20, 22, 23, 25 (u.), 27 (o.), 48 (o.) 53 (u.), 54 (u.), 65, 78 (o.), 91, 97, 102 (o.), 129 (o.)

Stadtarchiv Wiesbaden: 12 (2), 15 (o.),19, 42/43, 44, 52, 57 (2), 59, 60, 62, 63, 67, 68 (u.), 70, 71, 72 (o.), 75, 77 (u.), 80 (u.), 82, 85, 86, 89 (o.), 93, 101 (Foto: Hugo Dönges)

Archiv der Marktkirchengemeinde: 78 (u. Repro Axel Sawert)

Archiv der Lutherkirchengemeinde: 87 (Foto Willi Rudolph)

Archiv des Knabenchors: 89 (u.), 90 (Foto Kai Lorenzen)

Archiv der Stephanusgemeinde: 96

Projektbüro Stadtmuseum: 11

Hessisches Hauptstaatsarchiv: 92

Zentralarchiv der EKHN, Darmstadt: 74 (o.), 77 (o.)

Technische Universität Berlin: 24 (u.)

Privatarchiv Dr. Hermann Otto Geißler: 76 (Foto Willi Rudolph)

Archiv des Hessischen Sozialministeriums: 103

Archiv des Kulturzentrums Schlachthof, 111 (u. Foto Silke Kemmer)

Uwe Stotz: 117, 118/119

Heiko Kubenka (†): 111 (o.)

Friedrich Windolf: 105, 121

Dr. Roger Töpelmann: 25 (o.), 104

Privatarchiv Eberhard Krause, ehemaliger Vorsitzender der Marktkirchengemeinde: (77 u.)

Manfred Gerber: 26 (u.)

Die Autoren

Manfred Gerber studierte Geschichte, Germanistik und Philosophie. 1987 wechselte er in die Lokalredaktion des Wiesbadener Kuriers. Seither befasst er sich immer wieder mit der hessischen Landeshauptstadt und schreibt Beiträge zur Sozial- und Kirchengeschichte Wiesbadens.

Axel Sawert lebt seit 1989 in der Region Wiesbaden und ist Professor für Weinchemie an der Hochschule in Geisenheim (Rheingau). Sawert ist leidenschaftlicher Fotograf und hat u. a. den Band „Himmlische Türme. Die Marktkirche Wiesbaden" bebildert.